KB237234

돈 버는 회사로 만들 수 있는 109가지

다카하시 도시노리 지음 | 민병수 옮김

돈 버는 회사로 만들 수 있는 109가지

다카하시 도시노리 지음 | 민병수 옮김

가림출판사

 일본에서는 1990년대의 대불황이 길어져 중소기업의 80%는 적자라고 한다. 많은 회사들이 디플레이션 불황으로 고생을 하다가 도산하는 회사도 적지 않다.

한편, 불황에도 아랑곳하지 않고 꾸준하게 성장을 하는 회사도 있다. 일본에서는 흔히 '20%의 승자와 80%의 패자'라는 말을 하는데 그 말대로 돈을 벌고 있는 회사와 그렇지 않은 회사로 양분되는 것이다.

돈을 벌고 있는 회사와 그렇지 않은 회사는 뭐가 다를까? 독자적인 기술력이라든지 뛰어난 영업력에 의해 성장하는 회사도 있지만 대부분의 중소기업은 원래의 기술력이나 영업력에 그다지 차이가 있다고는 생각되지 않는다. 그러나 경영기본의 충실 여부에 따라 차이가 생기는 듯 하다.

가령 자본금 1억 원의 A사와 자본금 10억 원의 B사가 각각 5,000만 원의 이익을 냈다고 하자. A사와 B사 어느 쪽이 효율적으로 돈을 벌었는지는 한 눈에 알 수 있다. 회사의 목적이 '돈을 버는 것'인 이상, 경영의 기본이란 돈벌이의 효율을 최대한으로 높여야 한다. 즉 돈을 벌고 있는 회사와 돈을 벌지 못하는 회사의 차이는 '돈벌이'의 효율을 최대한으로 높이는 경영방식이 되어 있는가 아닌가에 의해 정해지게 된다.

지금까지 대부분의 일본기업은 매출을 중요시하여 매출을 늘려서 회사의 규모를 크게 하는 것을 경영목표로 해왔다. 바꿔 말하면, 돈벌이의 효율을 높이는 것이 아니라 투자액을 크게 함으로써 수입을 늘리려고 했었다는 것이다. 고도 성장기나 인플레이션의 시기에는 확실히 이 방식으로 해도 맞았다. 규모확대에 따른 비용증가보다 매출 성장이 상승곡선이었기 때문에 문제는 생기지 않았던 것이다. 그러나 현재와 같은 저성장, 디플레이션의 시대에는

'로 코스트 경영', '적은 자본으로 큰 이익을 지향하는 경영'이 요구되고 있다. 즉 벌이의 효율을 높일 필요가 있다.

그것을 위해서는 우선 필요 없고 이익이 남지 않는 일을 철저하게 없애야 하고, 보유한 자금, 자산, 인재를 최대한으로 활용하여 수익을 확보해야만 한다. 만일 아직도 규모의 확대를 경영목표로 하고 있다면 즉시 경영방식을 전환하지 않으면 안 된다.

잘 생각해 볼 필요도 없이 이러한 방식은 어느 시대에도 통하는 회사경영의 기본 중의 기본방침이다. 불황이나 디플레이션이 되었기 때문에 돈벌이가 되는 경영방식이 바뀐 것은 아니고, 고도 성장기나 인플레이션 시기에는 허용되던 비효율적인 경영방식이 통하지 않게 되었다고 생각하면 된다.

이 책에서 서술하는 내용의 상당수는 예로부터 일컬어지고 있는 회사경영의 기본에 지나지 않는다. 그러나 그 기본이 되어 있지 않은 회사가 실로 많다. 회사로서, 경영자로서 해야 할 일을 하고 있는지 회사경영의 기본을 재검토해 볼 필요가 있다.

제1편에서는 돈을 버는 회사, 돈을 버는 경영자로 바뀌기 위한 기본적인 사고방식을 설명하였다. 맨 처음에 이 부분을 읽고 실제의 노하우부터 회사경영과 경영자로서의 기본을 재확인하여 주기 바란다.

제2편에서는 회사의 모든 경영활동의 측면에서 돈을 버는 회사로 바뀌기 위한 구체적인 방법을 소개하였다. 항목별로 정리되어 있어 원하는 자료를 바로 찾을 수 있다. 필요한 곳만을 읽어도 좋다. 다소의 시간은 걸리겠지만 여기에 쓰여진 것을 하나씩 실행함으로써 확실히 돈을 버는 회사로 바뀔 수 있을 것이다.

그런데 회사를 경영하고 있으면 대외적인 신용을 유지하기 위해 이익을 창출하고 적자삭감을 해야 할 때가 있다. 가령, '은행으로부터 융자를 받을 수 없게 된다', '단골 거래처와의 거래가 끊긴다', '입찰 자격 심사에서 불리해진다' 는 등의 경우이다.

그래서 제3편에서는 적자를 흑자로 이끌기 위한 적자대책의 방법을 소개하였다. 부정한 경리처리나 분식결산이 되지 않도록 하는 것은 물론 단순히 눈앞의 결산을 넘어가기 위해서가 아니라 어디까지나 장래의 이익을 확보하여 돈을 버는 회사로 바꾸기 위한 수단의 하나로서 활용해 주기 바란다.

회사의 목적은 이익을 추구하는 데에 있는데 그것은 회사가 영속적으로 유지·발전함으로써 가능해진다. 물론 훌륭한 아이디어나 신상품을 생각해 낸다든지 유행에 기대어 일시적으로 돈을 버는 회사도 있지만 지속하지 못하는 경우가 적지 않다. 그것은 모처럼 돈을 버는 요소를 획득할 수 있었어도 돈을 버는 체질이 되지 못했기 때문이다.

돈을 버는 체질을 만들기 위해서는 어느 시대에도 '로 코스트 경영', '적은 자본으로 큰 이익을 지향하는 경영' 을 명심하는 것이 원칙이다. 불필요한 군살을 뺌과 동시에 근육을 단련하여 순발력·지구력이 강한 근육질 회사를 만들어 내는 것이다. 그것을 위해 이 책이 조금이라도 도움이 된다면 저자로서 이보다 큰 기쁨은 없을 것이다.

2004년 1월

다카하시 도시노리

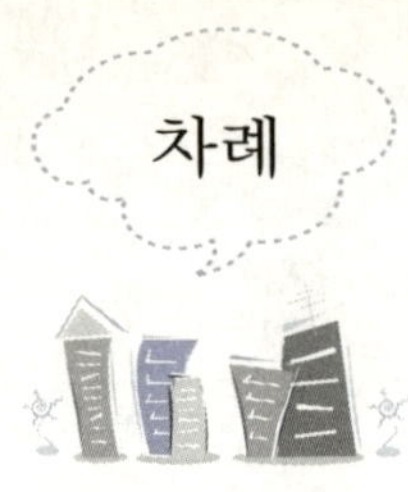

CONTENTS

CHAPTER **2**

돈을 버는 경영자로 바뀌는 기본적인 사고방식

2^편 돈을 버는 회사로 바뀌는 아이디어

CHAPTER 3

재무·관리 회계 편

인재 육성 · 활용 편

구입·제조 편

전략적 경비삭감 편

3^편 결산을 흑자로 이끌기 위한 아이디어

CHAPTER **9**

적자대책의 방식 · 사고방식

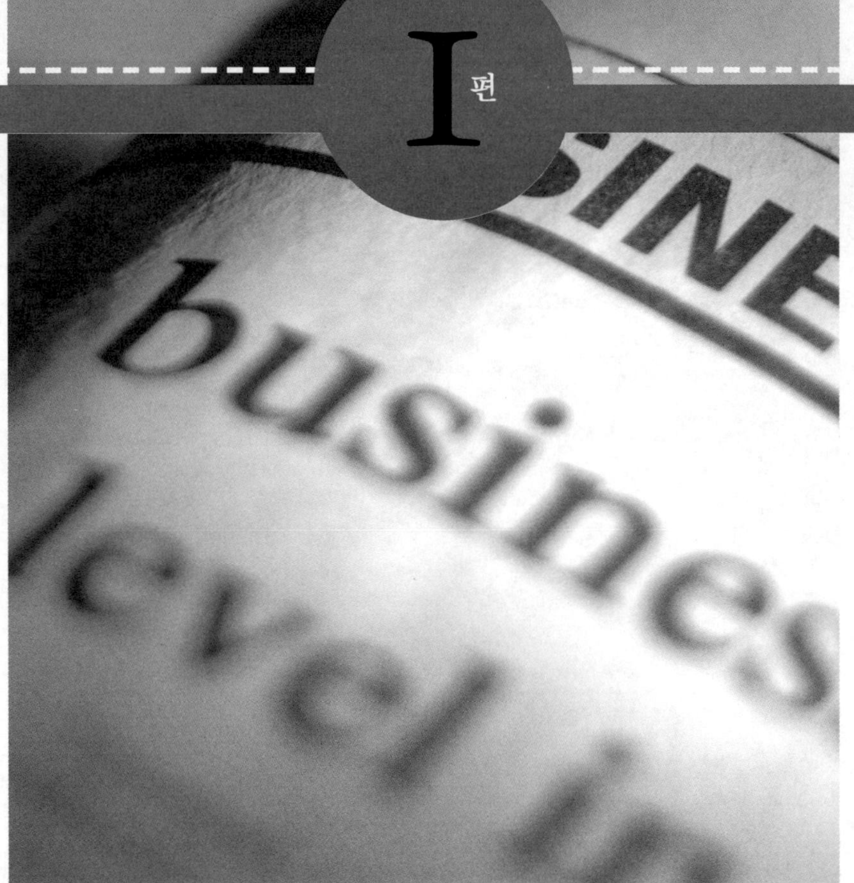

돈을 버는 회사가 되기 위한
기초지식
I 편

기본적인
사고방식

CHAPTER 1

돈을 버는 체질로 변화시키는

기본적인 사고방식

돈을 벌고 있는 회사에서 배워라

돈을 버는 회사와 벌지 못하는 회사에는 다 이유가 있다. 자신의 회사가 돈을 벌지 못하는 원인을 분석하여 돈을 벌고 있는 회사로부터 돈을 벌기 위한 원리·원칙을 배우자.

돈을 버는 회사는 어떻게 다른가?

어떤 시대라도 돈을 버는 회사와 돈을 벌지 못하는 회사가 있다. 특히 현재와 같이 불황과 환경 변화가 심한 시대에는 돈을 벌지 못하는 회사가 급격히 늘어나는 것이다. 따라서 돈을 버는 회사와 돈을 벌지 못하는 회사로 명확하게 구별되는 경향이 있다.

요즘 들어 중소기업 중 80%가 적자 기업이라고 하는데 회사란 원래 '돈벌이'를 위해 고안되고 만들어진 것이므로 돈을 벌지 못하는 회사는 존재가치가 없다고조차 말할 수 있다. 그러나 한편, 순조롭게 돈을 벌며 성장하는 회사가 있는 것도 사실이다.

돈을 버는 회사와 돈을 벌지 못하는 회사의 차이는 어디에 있을까? 돈을 버는 회사가 되기 위해서는 어떻게 하면 좋을까?

그것을 위해서는 우선 자신의 회사가 왜 돈을 벌지 못하는지 분석해 보아야 한다. 다음에 돈을 벌고 있는 회사(경영에 관한 기본적인 규칙이나 공통점, 원리·원칙이 있다)의 원리·원칙을 배우고 모방하도록 한다. 처음에는 모방하는 것만으로도 충분하다. 그리고 마지막에는 자신의 회사에 맞는 방법을 고안하도록 한다.

경영이념을 가져라

경영이념이란 회사를 경영하는데 있어서의 기본적인 규칙이다. 성공한 회사는 훌륭한 경영이념이 있으며 그것이 정립되어 있다.

이념이 없는 회사는 성장할 수 없다

경영이념이란 '그 회사는 무엇을 위해 존재하는가', '무엇을 위해 사업경영을 하고 있는가' 라는 근본적인 사고방식으로, 사회에서의 그 회사의 존재의의와 목적을 밝힌 것이다. 또 '어떠한 신조로 경영을 하는가' 라는 경영방식도 포함된다.

즉 경영자가 가진 기업경영에 대한 기본적인 사고방식이 경영이념이며 경영철학이라고 바꿔 말할 수도 있다. 경영이념은 많은 경우 회사방침이나 사훈이라는 형태로 나타난다. 경영이념은 기업을 경영하기 위한 기본 규칙이며 일을 진행시켜 가는 과정에서의 판단과 행동의 근거가 된다.

지속적으로 성공을 거두는 기업에는 훌륭한 경영이념이 있어 그것이 모든 사원에게 심어진다. 그리고 항상 그 경영이념에 근거하여 기업경영을 한다. 견실한 경영이념이 없는 회사가 계속 성장했다는 예는 없다. 또 경영이념으로부터 일탈한 회사는 일시적인 이익을 얻을 수 있었다고 해도 결국 사회로부터 퇴출당하게 된다.

03

명확한 경영비전을 내걸어라

기업은 경영비전을 향해 나가는 것이다. 사원의 의욕을 향상시키기 위해 매력 있는 경영비전이 필요하다.

어떤 회사로 만들고 싶은지 명확하게 의식하자

회사가 성장하기 위해서는 명확한 경영비전이 없어서는 안 된다. 경영비전을 경영이념에 포함하여 생각하는 경우가 많은데 여기서는 나누어 생각하기로 하겠다.

경영비전이란 그 회사가 목표로 하는 장래의 구체적인 모습이다. 5년 후, 10년 후에 그 회사가 어떻게 되어 있는지 구체적으로 표현한 것이다.

혼다(Honda)의 창립자인 혼다 소이치로 씨는 혼다가 아직 일본의 지방도시인 하마마츠에서 작은 공장이었던 시절부터 "세계 제일의 오토바이 메이커가 되겠다."고 조례

시간에 호소했다고 한다. 후에 혼다는 정말로 세계 제일의 메이커가 되어 대표적인 일본 기업 중의 하나로 꼽히게 되었다.

혼다 소이치로 씨가 내건 경영비전은 사원들이 꿈을 실현하는 방향으로 향하게 하여 모든 사원이 꿈을 공유하게 함으로써 기업 성장의 원동력이 되었다.

같은 시대에 창업하여 업종, 자본, 규모, 인원 등도 거의 비슷한 수준으로 만들어진 기업이라도 5년, 10년, 수십 년이 지나면 큰 차이가 생겨나는 것이 현실이다. 그 큰 이유 중의 하나는 뛰어난 경영비전을 내걸고 모든 사원의 마음을 하나로 만들어 꿈을 실현하는 방향으로 향하도록 할 수 있느냐 없느냐에 달려 있지 않을까?

사원의 마음과 힘을 합한 강력한 활동을 낳지 못한다면 돈을 버는 회사로 바뀔 수 없다. 그리고 그 원동력이 되는 것이 경영비전이다.

경영비전은 회사가 지향하는 모습을 나타낸다

경영비전을 명확하게 한다

예

세계 제일의 오토바이 메이커가 된다.

– 작은 공장이었던 시절의 혼다 –

뛰어난 경영비전이란

경영이념에 근거하고 있다.

사업 영역이 나타나 있다.

꿈이 나타나 있다.

긍지를 가질 수 있다.

사원들을 공감시킬 수 있다.

명확한 경영비전을 내거는 것이
회사의 성장으로 이어진다.

04 구체적인 경영목표를 설정하라

경영목표란 경영비전을 실현하기 위한 보다 단기적인 목표이다. 구체적이고 임펙트가 있는 목표를 세우는 것이 중요하다.

목표는 단순하고 임펙트가 강한 것이 좋다

경영이념이나 경영비전은 회사의 장기적인 목표이다. 그리고 그 목표를 달성하기 위해서 설정하는 보다 단기적이고 구체적인 목표가 경영목표이다. 가령 '경상이익 2억 원을 지향한다', '영업 이익률을 15%로 한다', '매상을 100억 원으로 한다', '점포수를 10군데로 한다'는 식으로 구체적인 수치로 목표를 나타낸다.

경영목표는 될 수 있으면 단순하고 알기 쉽고 임펙트가 강한 것으로 하면 좋을 것이다. 소매업이라면 '1인당의 매상에서는 대형 슈퍼마켓을 앞선다' 라는 목표 등을 세운다.

기업 규모로 볼 때 전체 매상에서는 이길 수가 없지만 이러한 목표를 설정함으로써 1인당의 매상이라면 대기업이라도 이길 수 있다는 꿈이나 의욕을 나타낼 수 있다. 명확한 목표, 그것도 꿈이 있고 달성 가능한 목표가 있으면 회사 전체가 하나의 목표를 향해 움직이기 시작하는 첫걸음이 될 것이다.

경영목표는 종이에 써서 사무실 안의 눈에 띄는 곳에 게시해 두면 좋을 것이다. 그렇게 함으로써 경영자뿐만 아니라 사원들도 그 목표를 의식하여 그 실현을 향해 적극적으로 임하게 된다.

또 구체적인 경영목표를 내걸었다면 '그것을 달성하기 위해 어떻게 하면 좋은가' 라는 구체적인 경영전략과 경영계획을 만들자. 그 계획을 확실히 실행함으로써 회사는 목표에 도달할 수 있을 것이다.

 ## 왜 경영목표가 필요한가?

**경영이념
경영비전**

이 회사는 무엇을 위해서 존재하고 있는가,
장래, 어떤 회사를 목표로 하는가를 나타낸다.

 실현하려면

경영목표

알기 쉽고 임펙트가 강한 목표를 세운다.

 실현하려면

**경영전략
경영계획**

구체적인 전략과 계획을 세워 실행한다.

장기 계획
중기 계획
단기 계획

돈벌이의
효율을 높여라

돈벌이의 효율을 높인다는 것은 적은 자산으로 큰 이익을 올리는 체질을 만드는 것이다. 우선은 이익을 올리지 못하는 무익한 자산이 없는지 재검토하자.

사람·물건·돈을 최대한으로 활용한다

돈을 버는 체질이 되어 있다는 것은 적은 자본으로 많은 이익을 얻을 수 있다는 것이다. 즉 효율적으로 돈을 벌거나 돈벌이의 효율이 높다는 것이다. 그것을 위해서는 적은 자산(자본)으로 큰 이익을 얻을 수 있도록 한다, 적은 인원으로 큰 이익을 얻을 수 있도록 한다, 소액의 비용으로 큰 효과를 얻을 수 있도록 한다는 것이 필요하다. 경영의 3대 요소인 사람·물건·돈을 충분히 사용하여 가장 유효하게 활용하는 방법을 꾀할 일이다. 특히 이익을 올리지 못하는 자산이 있는지 없는지, 회사 총자산의 재검토는 즉시 할 필요가 있다. 그것은 또 회사를 도산시키지 않고, 영속시키는 경영의 방식이기도 하다.

이익을 올리지 못하는 불필요한 자산은 없는가?

저성장시대에 수익성을 높여 돈을 버는 회사로 바뀌기 위해서는 불필요한 자산을 방치해 둘 여유가 없다. 반대로 말하면, 소유한 모든 자산을 효율적으로 사용하여 최대한의 이익을 올리지 않으면 안 된다. 이익을 획득하는 데에 공헌하지 않는 자산은 모두 불필요한 자산이라고 해도 과언이 아니다.

참고로, 자산이란 현금예금, 매상채권, 재고, 건물 등뿐만 아니라 대차대조표의 자산의 부(部)에 계상된 모든 것을 말한다.

지금까지 매상이나 이익, 즉 손익계산서 위의 숫자만을 중시해 온 경영자는 즉시 발상을 바꾸자. 그리고 자신의 회사의 대차대조표를 한 번 더 검토할 일이다. 대차대조표에 기재된 모든 자산에 대하여 그것이 무엇인지 설명할 수 있을까? 만일 설명할 수 없다고 한다면 총자산을 사용하여

효율적으로 돈을 벌려는 사고방식을 가지고 있지 않다는
것이다.

재무적으로 돈을 버는 체질을 만들기 위해서는 회사경영
에 정말로 필요한 자산만이 대차대조표의 자산의 부에 기재
되어 있을 필요가 있다.

 ## 돈벌이의 효율을 재검토하는 세 가지 시점

1 회사의 총자산이 얼마나 있고, 대차대조표에 계상된 모든
자산에 대하여 그것이 무엇인지 설명할 수 있는가?

(불필요한 자산이 없는가? → 제4장)

2 사원 1인당 매상, 이익, 부가가치는 얼마나 있는가?

(사원의 움직임에 허비는 없는가? → 제5장)

3 비용 삭감을 항상 재검토하고 있는가?

(이익을 올리지 못하는 지출이 없는가? → 제7장)

매상
지상주의를 버려라

만들면 팔리는 시대는 끝났다. 매상이 올라가지 않는 지금, 무리하게 매상을 늘리려고 해도
회사는 오히려 돈을 벌지 못하게 된다.

매상 지상주의는 과거의 것

일본에서는 제2차 세계대전 이후 1990년대 초까지 계속
된 상승세의 경제성장 속에서, 경영자들은 일관해서 매상의
증대를 경영목표로 삼아 왔다. 그 이유는 '만들면 팔린다'
는 시대가 오랫동안 계속 되어 고정비가 매년 계속 올랐다
고 해도 매상만 성장하고 있으면 이익이 나왔기 때문이다.

매상만 증가하고 있으면 이익을 확보할 수 있었기 때문에
경영자는 다소의 리스크를 짊어졌다고 해도 적극적으로 투
자를 하여 규모의 확대를 꾀하여 왔다. 이렇게 해서 많은 기
업이 성장해 왔다. 경제가 순조롭게 발전하던 시대에는 이

경영 수법은 성공 패턴이었다.

그런데 거품경제가 무너진 순간, 공격적인 투자는 과잉 설비가 되어 재고가 넘쳐 부실채권이 발생하게 되었다.

매상을 추구하면 도산이 기다리고 있다

이런 시대에 매상의 극대를 지향하면 그 앞에는 도산이 기다리고 있을 뿐이다. 우선 판매기회를 놓치지 않으려고 대량으로 가진 재고가 자금조달을 압박한다. 그리고 그 재고를 처리하기 위해 무리한 강매를 하거나 신용 한도액을 넘어 판매하고 또 신용조사도 충분히 하지 않고 위험한 회사에 판매하거나 하는 일이 일어난다. 이런 상황으로는 채권이 체류되거나 부실채권이 늘어나서 회사는 더욱 더 힘들어질 뿐이다. 게다가 팔리지 않고 남은 재고는 불량재고가 되어 한층 더 큰 손실을 낳는다.

확실히 매상이 없으면 이익은 나오지 않고 구입 대금이나 경비의 지불도 할 수 없다. 중요한 것은 무턱대고 매상을 늘리려고 할 것이 아니라 확실한 돈벌이로 이어지는 매상, 즉 자금적인 뒷받침이 있는 매상을 늘리는 일이다. 자금적인 뒷받침이 있는 매상이란 우선 판매 대금이 확실히 회수되고

있는, 그리고 그 매상을 위해 과잉재고를 갖지 않은 매상을
말한다.

  매상 지상주의는 과거의 것이라는 점을 다시 한 번 인식
해야 한다. 만일 아직도 매상을 중시한 경영을 하고 있다면
즉시 경영마인드를 바꿔야 한다.

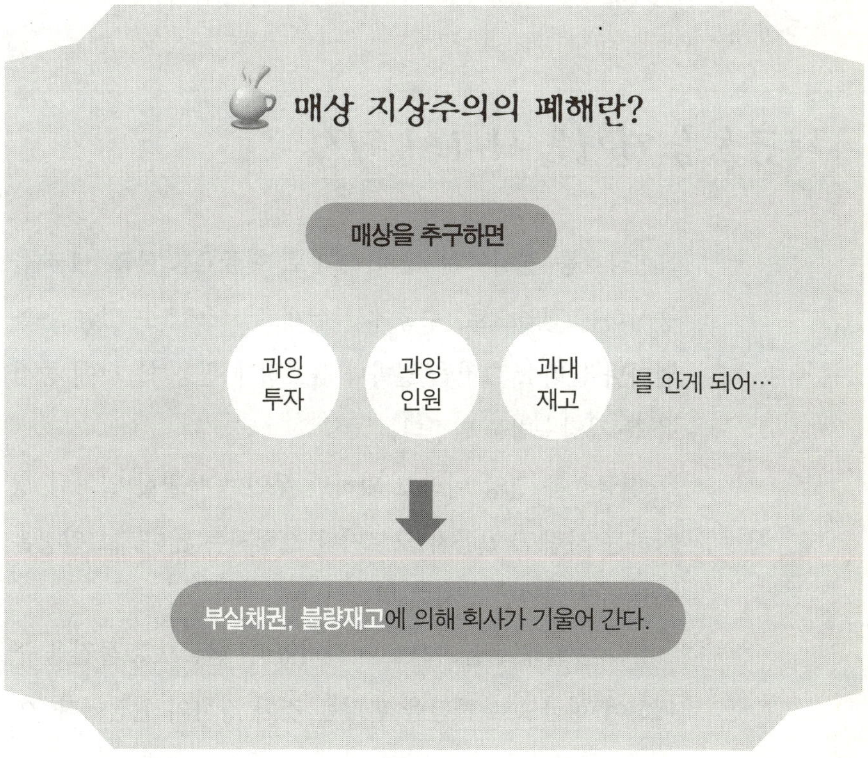

현금흐름 경영으로 전환하라

현금흐름 경영이란 수중에서 실제로 사용할 수 있는 자금을 얼마나 늘리고 그것을 유효하게
활용하느냐를 생각하는 경영이다.

현금흐름 경영은 장사의 원점

현금흐름 경영이란 문자 그대로 현금흐름(현금, 예금)을
중시하는 경영으로, 수중에서 실제로 사용할 수 있는 돈을
얼마나 늘리고 그것을 얼마나 유효하게 활용하느냐에 중점
을 둔 경영수법을 말한다.

'현금흐름 경영'이라고 말하면 무언가 특별한 일처럼 생
각하는 사람도 있을지 모르지만 그렇지는 않다. 그 원점은
예로부터 있었던 장사의 방법이다.

장사는 원래 현금거래로 시작되었다. 현금으로 물건을 구
매하여 현금으로 물건을 판다는 것이 장사의 원점이다. 이

시대에는 기본적으로 외상으로 사고파는 일은 없었고 금융기관도 없었다. 그 때문에 얼마나 수중의 현금을 늘리는가, 어떻게 하면 그 현금을 밑천으로 삼아 크게 돈을 벌 수 있느냐에 의해 장사의 잘하고 못 함이 정해졌다.

현금흐름 경영도 어떻게 자사의 현금흐름을 벌어들이는가, 어떻게 하면 그 현금흐름을 가장 유효하게 활용할 수 있는가를 생각하는 일이다. 현금흐름 경영은 종래의 기업 경영수법인 매상 또는 이익의 확대를 지향하는 경영, 함축 중시의 경영, 은행차입 의존경영이라고 하는 방식에 대한 경영수법이기도 하다.

은행은 더 이상 돈을 빌려 주지 않는다

예전의 기업은 매상을 올리고 이익을 내고 있으면 자금을 걱정할 필요는 없었다. 비록 본업에서 적자가 나도 부동산 담보만 있으면 은행이 얼마든지 돈을 빌려 주었다. 그러나 지금은 대출거부, 대출금 조기 회수의 시대이다. 돈이라면 은행에 있다는 시대는 이미 지나 버렸다.

지금부터는 중소기업도 현금흐름 경영으로 전환하여 무부채경영을 지향해야 한다. 현금흐름 경영을 하기 위해서는 감량경영에 철저하지 않으면 안 된다. 그것을 위해서는 불필요한 자산을 가지지 않는 일(→ 제4장)과 이익을 올리지 못하는 경비를 사용하지 않는 일(→ 제7장)이 기본이다.

 ## 현금흐름 경영의 구체적인 예는?

1 이익을 늘린다.

2 매상 채권을 줄인다.

3 재고를 줄인다.

4 신규 투자를 엄선한다.

5 불채산 부문을 퇴출시킨다.

6 유휴(遊休)자산을 처분한다.

7 자산은 가지지 않고 빌린다.

08

장점을 늘려 차별화하라

어떤 회사에도 장점과 약점이 있다. 자사의 장점을 분석하여 그 장점을 기둥으로 삼고 비즈니스를 전개하자[코어 컴피턴스(core competence) 경영].

코어 컴피턴스 경영이란?

"적을 알고 나를 알면 백전백승(손자)"이라고 한다. 자신을 몰라서는 비즈니스를 전개할 수 없다.

어떤 회사에라도 장점(세일즈 포인트)과 약점(위크 포인트), 혹은 특기와 서투른 부분이 있을 것이다. 현재의 회사의 상황, 경영자원, 사업활동을 분석하여 자사의 장점을 찾아내자.

경영자가 개인적으로 분석하는 것만이 아니라 모든 사원이 함께 분석해 보면 좋을 것이다. 경영자 자신도 깨닫지 못했던 것을 알게 될지도 모른다. 그리고 회사의 장점, 득의 분야를 늘려서 타사와의 차별화를 꾀한다. 자사의 득의 분야, 강한 곳에서는 확실히 이익을 낳을 수 있을 것이다.

　이러한 경영방법을 코어 컴피턴스 경영이라고 한다. 코어(중핵)가 되는 장점(컴피턴스)을 가지고 타사와의 차이를 명확하게 하는 경영전략이다. 이 경영전략을 성공시키려면 다음 항에서 서술하듯이, 어느 사업 분야에서 경영을 전개하느냐를 결정하는 것이 중요하다.

09

끝까지 본업에 철저하라

경영자원이 부족한 작은 회사에서 경영의 다각화는 어렵다. 한정된 자원을 본업에 집중해 가지 않으면 경쟁에서 살아남을 수 없다.

다각화하면 회사는 도산한다

회사의 사업 영역을 사업 도메인이라고 한다. 다른 말로 말하면, "본업은 무엇인가?", "자신의 회사는 무슨 가게인가?"라는 것이다.

작은 회사가 가질 수 있는 경영자원(사람·물건·돈·정보 등)은 한정되어 있기 때문에 사업 도메인을 한정하여 거기에 자원을 집중해 가는 일이 중요하다.

거품경제의 전성기에는 많은 기업이 타업종에 진출하여 다각경영을 하거나 부동산 투자에 치달았다. 그런데 당시 타업종에 진출하여 그 사업을 오늘까지 계속하고 있는 회사는 극소수밖에 없다. 그래도 회사 자체가 살아남았으면 아직 좋은 편이다. 과대 투자로 발목이 잡혀 사라져 간 회사도 적지 않다.

거품경제의 붕괴는 기업에게 본업에 철저해야 할 소중함을 가르쳐 주었다.

지명도와 충분한 자본이 있는 대기업조차도 다각경영은 쉬운 일이 아니다. 하물며 자금이 부족하기 쉽고 인재도 부족한 작은 회사에서 다각경영을 할 수 있을 리가 없다.

"자사의 본업은 무엇인가?"라고 하는 자기 자신에 대한 질문이 항상 필요하다.

신규사업은 본업의 관련 분야로 한정하라

미지의 영역에 진출해도 성공할 확률은 낮다. 신규사업은 본업에서 쌓은 노하우를 살릴 수 있는 분야로 한정하는 것이 철칙이다.

타 업종에의 진출은 실패하기 쉽다

본업에 철저하다고 해도 업종에 따라서는 분명히 쇠퇴하여 미래의 전망이 없는 산업도 있다. 본업만으로 살아남을 수 없을 때에는 현재의 사업을 재검토하여 신규사업에 진출해 갈 필요가 있다.

다만 본업과 전혀 관계가 없는 사업을 해도 성공할 가능성은 얼마 되지 않는다. 유행이라고 해서 돈을 벌 것처럼 보이는 사업에 달려드는 것은 무슨 일이 있어도 피해야 한다. 만일 신규사업을 행할 예정이라면 자사의 사업 도메인 중 본업에 관련된 분야에서 행하는 것이 철칙이다. 본업에서 기른 노하우, 시장이나 고객, 기른 인재 등을 살릴 수 있는 분야에 주목할 일이다.

신규사업 분야를 결정할 때에 참고가 되는 것이 '안조프(Anzoff)'가 제창한 제품·시장 매트릭스이다. 이것은 제품(서비스)을 가로축으로 잡고, 대상이 되는 시장(고객)을 세로축으로 잡아, 각각 기존과 신규로 나누어 기업이 성장할 방향을 보려고 하는 것이다.

제품·시장 매트릭스에서는 ① 현업 분야의 강화, ② 제품 개발(제품의 다각화), ③ 시장개척(시장의 다각화), ④ 미지 영역에의 다각화라는 네 가지 패턴이 생긴다. 이 가운데에서 현존의 경영자원을 살릴 수 있는 ②의 제품 개발이나 ③의 시장개척이 선택해야 할 방향이다. 본업이거나, 본업에 관련된 분야에 진출했을 경우에 성공할 가능성은 비교적 높다고 생각되지만 ④의 미지 영역에의 다각화, 즉 전적으로 타업종에 진출했을 경우에 성공할 가능성은 극히 낮은 것을 잘 인식하자.

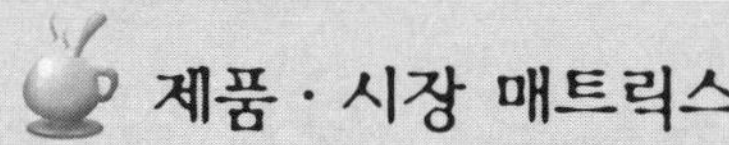

제품·시장 매트릭스

시 장(고 객)	신 규	❸ 시장개척	❹ 다각화
	기 존	❶ 현업 분야의 강화	❷ 제품 개발
		기 존	신 규
		제품(서비스)	

❶ **현업 분야의 강화** ： 현재 취급하고 있는 제품을 기존 시장에 한층 더 침투시킨다. 서비스의 강화나 가격전략으로 실현될 수 없는지 검토한다.

❷ **제품 개발** ： 기존의 고객이나 판매 루트에 신제품을 제안한다. 그것을 위해 제품의 개량이나 신제품의 개발을 할 수 없는지 검토한다.

❸ **시장개척** ： 기존의 제품을 새로운 시장에서 판매한다. 가령, 수출할 수 없는가, 인터넷을 사용한 통신 판매를 할 수 없는가 등을 검토한다.

❹ **다각화** ： 본업을 떠난 사업영역에서 신제품을 새로운 시장에서 판매한다. 리스크가 크다.

아웃소싱을 활용하라

작은 회사가 모두 자기 부담으로 할 필요는 없다. 자사의 장점에 특화하기 위해서는 아웃소싱(outsourcing)을 활용하는 것이 유효하다.

고정비의 부담을 줄일 수도 있다

치열한 경쟁시대를 이겨 내기 위해서는 기업은 스스로의 장점이며 핵이 되는 부문·사업에 특화하여 거기에 인재나 자금 등의 모든 경영자원을 집중하지 않으면 안 된다(코어 컴피턴스 경영).

코어 컴피턴스 경영을 실현하는 수단으로서 아웃소싱(외부위탁)이 있다. 작은 회사가 모두 자기 부담으로 할 필요는 없다. 자사의 장점에 특화하여 미비한 업무, 서투른 업무는 외부의 전문가에게 맡기면 된다. 모든 업무를 자사에서 하려고 하면 안이하게 사람을 채용하여 과잉인원을 거느리게 될 수 있다.

저성장시대에 들어서게 되어 매상의 증가를 그만큼 기대할 수 없게 된 현재는 매상의 많고 적음에 관계없이 발생하는 고정비는 기업의 부담이 되고 있다. 그래서 지금까지 사내에서 행하던 업무를 아웃소싱함으로써 인건비와 같은 고정비를 업무량이나 매상 등에 따라 발생하는 변동비로 할 수 있다.

현재는 각종 아웃소싱을 하청 받는 기업도 많아지고 있어 아웃소싱할 수 있는 업무의 범위도 확대되어 가고 있다.

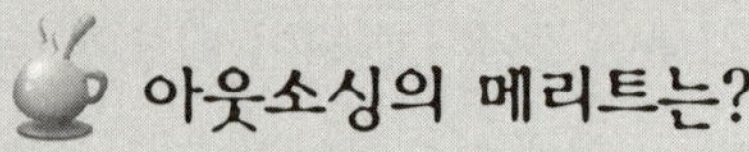

자사의 장점에 특화하기 위해
사내에서 행하던 업무를 외부에 위탁한다.

1 자사에 없는 외부의 전문 능력을 활용할 수 있다.
➡ 자사의 장점에 특화할 뿐만 아니라 약점을 극복할 수 있다.

2 인건비 등의 고정비를 변동비화할 수 있다.
➡ 고정비의 증가를 억제하고 비용을 삭감할 수 있다.

코어 컴피턴스 경영을 실현하기 위해서 아웃소싱을 유용하게 활용하는 것이 중요하다.

5C운동을 재검토하라

5C를 잘하고 있는지 다시 한 번 검토해야 한다. 당연한 일을 확실히 해내는 회사가 성공하고 경쟁에 살아남는다는 것을 잊어서는 안 된다.

당연한 일을 해내는 회사가 성공한다

돈을 버는 회사로 바뀌기 위해서는 사원이 일치단결하여 목표 달성에 임하지 않으면 안 된다. 그것을 위해 도움이 되는 것이 5C운동이다. 5C란 '정리', '정돈', '청소', '청결', '착실함'의 다섯 가지를 뜻하는 것으로, 이것을 모든 사원이 철저하게 실행해 가는 운동을 5C운동이라고 한다(여기서 마지막의 '착실함'은 '규칙을 준수하는 것'을 말함).

5C는 어떤 것을 취해도 직장 내의 기본적 사항이며 모든 사원이 동시에 착수할 수 있는 것이다. 또 운동의 성과가 눈에 보이기 때문에 하면 할 수 있다는 자신감으로도 이어진

다. 즉 5C운동이야말로 돈을 버는 회사로 바뀌기 위한 첫걸음이라고 할 수 있다.

또 5C운동을 실시함으로써 생산부문은 물론, 관리부문·영업부문에도 여러 가지 효과가 나타난다. 우선, 공장에서는 작업공간이 넓어져서 생산의 효율이 오르거나 불량품의 발생이 감소한다. 관리부문에서도 작업의 능률향상, 신속한 대응이 가능해질 것이다. 그리고 최종적으로는 상품의 하자 등이 감소함으로써 고객 만족으로도 이어진다.

'정리·정돈 같은 것을 해봤자' 라고 생각하는 사람들이 있을 지도 모르지만 당연한 일을 하는 회사, 게다가 계속하여 철저히 해내는 회사가 성공하고 살아남는다. '이제 와서 5C 따위를' 이라고 생각할 것이 아니라, 지금이기 때문에 한 번 더 5C가 되어 있는지 재검토해 보자.

5C운동과 그 효과는?

1 정 리 : 필요한 물건과 필요없는 물건을 구별하여 필요없는
물건은 버린다.

2 정 돈 : 필요한 때에 필요한 물건을 꺼낼 수 있도록 순서를
잘 배열한다.

3 청 소 : 직장을 언제나 깨끗하게 한다.

4 청 결 : 정리·정돈·청소의 3C를 추진하며, 옷차림은 청결
하게 한다.

5 착실함 : 결정된 사항은 언제나 올바로 지킨다.

- 무리·무익·무의욕을 배제할 수 있다.
- 이상과 정상을 눈으로 보고 알 수 있게 된다.
- 밝고 즐겁고 안전한 직장을 만든다.

당연한 일을 해냄으로써 돈을 버는 체질의 기초가 튼튼해진다.

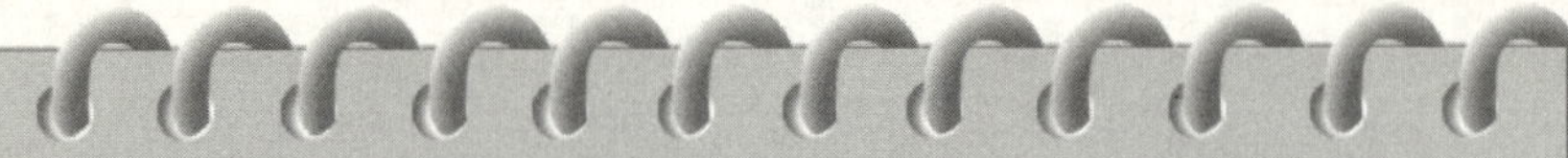

1   돈을 벌고 있는 회사에서 배워라
2   경영이념을 가져라
3   명확한 경영비전을 내걸어라
4   구체적인 경영목표를 설정하라
5   돈벌이의 효율을 높여라
6   매상 지상주의를 버려라
7   현금흐름 경영으로 전환하라
8   장점을 늘려 차별화하라
9   끝까지 본업에 철저하라
10 신규사업은 본업의 관련 분야로 한정하라
11 아웃소싱을 활용하라
12 5C운동을 재검토하라

기본적인

사고방식

CHAPTER 2

돈을 버는 경영자로 바뀌는

기본적인 사고방식

경영자에 의해 정해진다

작은 회사의 경우 실적의 90% 이상이 경영자의 방식으로 정해진다. 돈을 버는 회사가 되려면 우선 경영자가 바뀌지 않으면 안 된다.

경영자가 바뀌면 회사는 성장한다

"어떤 사업을 하면 돈을 법니까?"라고 질문 받는 일이 있다. 그 질문에 대해 언제나 나는 "돈을 버는 사업이 있는 것이 아니라, 돈을 버는 사람이 있을 뿐입니다."라고 대답해 주고 있다.

물론 세상에는 성장산업과 쇠퇴산업, 호황업종과 불황업종이 있기 때문에 일반적으로는 성장산업, 호황업종에 속해 있어서 돈을 버는 회사가 많은 것은 사실이다. 그러나 일시적인 붐이라든지 호황에 의해 돈을 버는 일은 있어도, 붐이 지나가면 많은 회사가 도산해 갈 것이다. 그리고 그 한편,

불황업종이라고 해도 돈을 버는 회사는 있다.

돈을 버는 회사와 돈을 벌지 못하는 회사의 차이는 어디에 있는가 하면 바로 경영자에게 있다. 즉 돈을 버는 사업이 있는 것이 아니라 돈을 버는 사람, 곧 돈을 버는 경영자가 있다. 돈을 버는 경영자는 어떤 사업을 해도 그 나름대로 돈을 벌 수 있다는 것을 이해하자.

돈을 버는 회사로 바뀌기 위해서는 경영자가 바뀔 수밖에 없다. 바뀐다는 말이 교체하자는 의미가 아니고, 우선 경영자가 돈을 버는 능력을 몸에 익히지 않으면 안 된다는 것이다.

14

남의 탓으로 돌려서는 안 된다

돈을 벌지 못하는 경영자는 실적부진을 남의 탓으로 돌린다. 우선 자신의 방식이 나쁘다는 것을 인식하는 데서부터 회사는 변해간다.

돈을 버는 경영자는 어떻게 다른가?

중소기업의 80%가 적자라고 하는 가운데, 확실히 돈을 벌고 있는 경영자가 있다.

돈을 버는 경영자와 돈을 벌지 못하는 경영자는 무엇이 다를까? 그 차이는 여러 가지가 있지만 하나는 자신의 경영 방식에 의문을 가지고 항상 개선하려고 마음먹고 있는가에 있지 않을까? 돈을 벌지 못하는 경영자는 "불황 때문에 실적이 나쁜 것이니까", "적자가 난 것은 대기업이 진출해 왔기 때문에", "장소가 좋지 않으니까" 등 남의 탓으로 돌리는 경향이 있다. 개중에는 "우수한 사원이 없으니까" 따위로 시시한 말을 하는 사람도 있다. 확실히 그런 요소가 전혀 없다는 것은 아니지만 그런 말을 하고 있어봤자 아무런 발전도 없다.

돈을 버는 경영자는 실적이 나쁜 것은 자신의 방식이 나쁘기 때문이라고 스스로 생각한다. 그 때문에 어디에 문제가 있는지 조사한다. 그리고 어떻게 하면 그 문제점을 극복할 수 있는지, 개선할 수 있는지 항상 생각하고 있다.

이 결정적인 차이가 돈을 버는 회사와 돈을 벌지 못하는 회사로 나누어지는 최대의 요인이다.

15

사원에게 일에 대한
긍지를 가지게 하라

사원에게 경영비전을 확산시켜 일에 대한 사명감이나 만족감을 높이기 위해서 경영자는 메시지를 계속 전해야 한다.

경영비전은 확산되고 있는가?

아무리 훌륭한 경영비전이 있다고 해도 그것이 장식일 뿐이라면 의미가 없다. 경영자는 사원에게 경영비전을 확산시키기 위해 회사가 목표로 하는 방향과 현상(現狀), 어떻게 하면 목표를 달성할 수 있는가 등을 구체적으로 발산해 갈 필요가 있다.

신년 인사에서, 조례에서, 회의 장소에서, 평상시의 비즈니스 현장에서 끊임없이 경영자는 말로써 메시지를 모든 사원에게 전해 가야 한다.

물론 단순히 말만이 아니라 그것을 실현하기 위한 구체적인 구조나 시책을 만들 필요가 있다는 것은 말할 나위도 없다.

또 자사가 하는 사업, 하려고 하는 일이 얼마나 고객이나 사회의 이익으로 이어지는가를 계속 호소함으로써 모든 사원에게 스스로의 일에 긍지를 가지게 하여 그 사명감이나 만족감을 높일 수 있다.

그리고 무엇보다도 경영자는 사원 한 사람 한 사람으로 하여금 '이 경영자와 함께 노력하자'고 생각하게끔 만들 수 있어야만 한다. 그것을 할 수 있었을 때에 비로소 모든 사원이 하나가 되어 목표 달성에 임하는 자세가 생긴다.

16

선두에 서서 모범을 보여라

경영자는 목표를 향해 회사를 이끌어 가지 않으면 안 된다. 그것을 위해서는 스스로 선두에 서서 지도할 필요가 있다.

경영자가 발휘해야 할 리더십이란?

아무리 훌륭한 경영이념이나 비전이 있고 경영목표를 내걸더라도, 또 그 목표를 달성하기 위한 치밀한 계획이 있다고 해도 그것을 실행하여 결과를 내지 않으면 의미가 없다. 그것을 위해 필요한 것이 경영자의 리더십이다.

리더십이란 모든 사원을 통합하여 일정한 방향으로 이끌어 가는 지도력이나 영향력이다. 경영자가 강한 리더십을 발휘하는 회사에서는 회사 전체가 하나가 되어 목표로 돌진하며 실적도 좋다.

리더십을 발휘하라고 입으로 말하기는 간단하지만, 실제로는 그렇게 간단한 일은 아니다. 서점에 가면 리더십에 대해 쓰여진 책은 많지만 누구나 간단하게 리더십을 발휘할 수 있다면 그런 책들은 필요가 없을 것이다.

그래서 작은 회사의 경영자가 우선 발휘해야 할 리더십은 스스로 선두에 서서 지휘를 하여 회사 전체를 이끌어 가는 것이라고 생각하자. 경영자가 선두에 서서 모범을 보이면 사원은 거기에 동조해 간다.

항상 위기의식을 가져라

경영자는 항상 위기의식을 가져야 한다. 그리고 그것을 모든 사원에게 자각시키지 않는다면 회사는 변화할 수 없고 돈을 벌 수 없다.

위기의식이 없는 회사는 사라져 간다

최근 일본에서는 이름이 잘 알려진 노포 기업들의 파산이 잇따르고 있다. 이러한 기업은 긴 역사를 거듭 쌓아서 히트 상품을 내어 브랜드의 이미지를 끌어 올리고 충분한 상품으로 명성을 쌓아 왔다. 그러나 모두 그 간판과 상품에 안주하여 독자적인 새 브랜드나 신제품의 개발을 게을리 하여 시대의 변화에 따라가지 못했던 것이다.

사라져 가는 회사에 대해 공통적으로 말할 수 있는 것은 위기의식이 없다는 점이다. 돈을 벌지 못한다고 한탄하면서도 매일 똑같은 일을 반복하고 있다.

세상은 확실히 변화하고 있다. 경영환경이 바뀌면 과거의 경험은 도움이 되지 않게 되고 단순히 같은 일을 반복하는 것만 가지고는 쇠퇴해 갈 뿐이다. 눈앞의 자금조달이 어려워진 다음에야 비로소 위험하다고 알아차리면 이미 늦다.

회사가 계속 돈을 벌기 위해서는 시대의 변화를 읽어내고 그 변화에 대응해 가지 않으면 안 된다. 그것을 위해서는 경영자뿐만 아니라 모든 사원이 항상 위기의식을 가질 필요가 있다. 그리고 시대의 변화에 대응하기 위해 정보 수집에 노력하지 않으면 안 된다. 위기의식도 없고 충분한 정보도 없는 회사는 사라져 갈 수밖에 없다.

경험을 과신해서는 안 된다

환경의 변화가 극심한 현재는 과거의 경험은 도움이 되지 않는 경우가 많다. 경험을 과신하지 말고 항상 꾸준히 배우는 자세를 가지도록 한다.

경영자는 공부하지 않으면 안 된다

경영자가 판단을 할 경우, 과거의 경험이 많은 도움이 된다. 따라서 일반적으로 경험이 풍부한 경영자일수록 정확한 판단을 할 수 있을 것이다. 그러나 아무리 오랜 경험이 있다고 해도, 한 명의 경영자가 체험할 수 있는 데에는 한계가 있다. 하물며 시대는 급속도로 변화하고 있다. 한 시대 전이라면 10년 걸려 바뀌어 갔던 것이, 지금은 1년 만에 바뀌어 버린다.

그 때문에 자신의 경험만으로 판단하려고 하는 것은 위험하다. 1년 전에 옳았던 일이 지금도 옳다고 할 수는 없다. 결코 자신의 경험을 과신하지 마라.

과거의 경험이 도움이 되지 않는다면 아무래도 공부가 필요해진다. 신문·잡지, 비즈니스 서적을 읽고 세미나나 스터디 그룹에서 강의를 들음으로써 경영에 도움이 되는 것을 배워야 한다. 지금까지 쌓은 경영자로서의 경험에 더하여 새로운 수법이나 사고방식을 배움으로써 정확한 판단을 할 수 있게 된다.

또 경영자가 솔선하여 공부함으로써 회사 전체에 공부하는 습관이 뿌리내리게 된다.

3명의 어드바이저를 두어라

어떤 경영자라도 판단 때문에 고뇌하는 일이 있다. 정확한 판단을 내리기 위해서 기탄없는 의견을 말해 주는 상담 상대가 있으면 좋다.

무슨 일이든 상담할 수 있는 상대가 있는가?

아무리 뛰어난 경영자라도 판단 때문에 고뇌하는 일이 반드시 있을 것이다. 그런 때에 지금까지 성공해 온 경영자일수록 자신의 생각이 옳다고 믿어 버리는 경향이 있다. 하물며 경영자는 주변에 자신에게 반대하는 사람을 두고 싶어 하지 않는다. 이렇게 되면 돈을 벌기는커녕, 경영자가 잘못한 판단에 의해 회사는 멸망에의 길을 걷게 되기도 한다. 그래서 무엇이든지 부담 없이 상담할 수 있고 기탄없는 의견을 말해 주는 사람이 필요해진다.

경영자에게는 적어도 3명의 어드바이저가 필요하다. 우선은 사외이사, 세무사·회계사, 경영 컨설턴트라는 사외의 어드바이저이다. 그러한 가운데에서 최소한 한 명은 전문적인 입장에서 정확한 의견을 말해 주는 사람이 필요하다.

또 사내에도 상담 상대가 필요하다. 어드바이저와는 조금 의미가 다를 지도 모르지만, 가령 선대(先代)로부터의 임원 등이 있으면 적임자이다. 인사권을 쥔 사장에게 주의를 주거나 반대 의견을 말하거나 할 수 있는 역할은 아무나 맡을 수 있는 것이 아니기 때문에 사내에 꼭 이러한 사람을 두었으면 한다.

어드바이저로서 가장 필요한 것은 스승으로서 지도를 받을 수 있는 사람이다. 기업경영의 선배로서 경험이 풍부한 사람이 있으면 최적이다.

경영자의 고뇌는 경영자가 아니면 모른다는 경우도 적지는 않다. 그런 때에 부담 없이 상담할 수 있는 선배 경영자가 있으면 많이 도움이 될 것이다.

 ## 경영자에게는 3명의 어드바이저가 필요

제왕학의 가르침 (중국 5000년의 예지)		현대의 사장학(社長學)에서는
원리원칙을 가르쳐 주는 스승을 가져라.	스승	• 마음 편하게 상담할 수 있는 선배 경영자 등 • (서적)
직언해 주는 측근을 가져라.	측근	• 보좌역 • 선대로부터의 임원 등
막빈을 가져라.	막빈 (幕賓)	• 사외이사 • 세무사 · 회계사 • 경영 컨설턴트

중국 5000년의 역사가 낳은 제왕학의 가르침에서 배운다면, 경영자는 3명의 어드바이저를 두어야 한다.

경영자가 해야 할 일을 하라

20

경영자가 솔선수범하여 일을 하는 것은 중요하다. 하지만 그 내용은 선택하라. 경영자가 사무처리에 쫓기고 있으면 돈을 벌 수 없다.

일의 내용을 재검토해 보자

아침 일찍부터 밤늦게까지, "바쁘다, 바쁘다" 하고 뛰어다니는 경영자는 적지 않다. 물론 경영자가 직무로 바쁜 것은 결코 나쁜 일이 아니다. 다만 무엇 때문에 그렇게 바쁜지, 무엇을 하고 있는지, 자신의 일을 다시 한 번 점검해보자.

확실히 사원에게 맡기는 것보다 자신이 하는 편이 잘되고 빨리 끝나는 경우도 있다. 그러나 사원이 할 수 있는 일은 사원에게 맡기고 경영자가 해야 할 일, 경영자밖에 할 수 없는 일을 하지 않는다면 사람은 자라지 않고 회사는 돈을 벌 수 없게 된다.

경영자가 루틴 워크에 시간을 빼앗기고 있어서는 안 된다. 경영자가 책상 위에 서류를 쌓아 놓고 사무 처리에 쫓기고 있다는 것은 말이 되지 않는다. 사무처리는 사원이라도 할 수 있는 일이다. 경영자의 일은 경영비전을 제시하고 경영목표를 내거는 것, 그리고 그 목표를 달성하기 위한 구체적인 계획을 세워 회사와 모든 사원이 목표로 향하게 하는 것이다. 물론 계획은 한 번 결정하면 그것으로 끝나는 것이 아니라 항상 재검토하지 않으면 안 된다.

또 경영자가 판매하러 돌아다니고 있어서는 안 된다. 물론 경영자가 솔선하여 신규인 대규모 거래처를 개척하는 일은 필요하다. 그러나 경영자의 일은 어디까지나 판매구조를 만드는 것, 그 철로를 까는 일이다. 실제의 판매는 세일즈맨에게 맡기면 된다.

* 루틴 워크(routine work) : 일상의 업무

 ## 경영자가 해야 할 일이란?

1 경영비전을 내건다.

2 경영목표를 정한다.

3 경영전략, 경영계획을 세운다.

4 목표 실현을 향해서 지휘와 통제를 한다.

경영자가 루틴 워크에 쫓기고 있는
회사는 돈을 벌지 못한다.

정말로 경영자가 해야 할 일을 하고 있는지, 자신의 일을 다시
한 번 바라보는 것이 중요하다.

공사의
구별을 제대로 하라

경영자가 공(公)과 사(私)를 혼동하면 사원도 그것을 본받는다. 비록 오너 경영자(회사를 소유한 경영자)라고 해도 회사는 자기 것이라는 의식을 버려야 한다.

사원을 개인적인 용무에 사용하는 것도 공사를 혼동한 한 가지 예

경영자가 공사를 혼동하면서도 영원히 지속되는 회사는 거의 없다. 사원은 경영자의 뒷모습을 보고 일을 한다. 경영자가 개인적으로 사용한 유흥비나 식대를 회사에 부담시키거나 회사의 돈을 마음대로 꺼내 쓰거나 하면 사원의 모티베이션(동기)은 떨어질 뿐이다.

그것만이 아니다. 사원은 경영자의 공사 혼동을 본받는다. "사장도 하고 있으니까"라고 회사의 소모품, PC, 인터넷, 복사기 등을 멋대로 사용하게 되고 만다. 그리고 나아가서는 개인 비용을 회사에서 지불하게 한다든지, 여비 등의 과잉 청구로 발전한다. 이래서는 경비절감 등을 할 수 없다.

또 사원을 개인적인 용무에 사용하는 것도 공사 혼동 중의 하나이다. 경영자에게는 그 정도는 당연하다고 생각되는 것이라도, 사원에게는 귀찮은 일이다. 그런데 경영자에게 부탁받으면 사원으로서는 거절하기 힘들다.

오너 경영자가 볼 때에는 회사는 자기 것이라는 의식이 강하고, '이 정도는 괜찮겠지'라고 생각하기 쉽다. 확실히 회사의 주식을 100% 가지고 있으면 회사는 자기 것이라고 말할 수 있을지도 모른다. 그러나 그것은 사원이 없는 회사의 경우이다. 사원이 한 명이라도 있으면 회사는 경영자만의 것이 아니다.

공사를 혼동하는 경영자와 함께 목표를 향해 나아가려고 하는 사원이 얼마나 있을까?

 # 공사를 혼동해서는 안 된다

1 사원의 모티베이션은 크게 떨어진다.

➡ 회사에 구심력이 없어져 목표를 달성할 수 없다.

2 사원도 경영자를 본받아 경비의 과잉 청구 등으로 발전한다.

➡ 경비가 증대하여 이익이 나지 않게 된다.

비록 오너 경영자여도 공사 혼동은 금물이다. 회사는 경영자만의 것은 아니라는 점을 인식하자.

허영을 부리는 일은 그만두어라

경영자가 허영을 부리면 회사는 확실히 돈을 벌 수 없게 된다. 허영을 위해 귀중한 시간과 돈을 사용해서는 안 된다.

허영을 부릴수록 벌이는 적어진다

경영자의 허영과 회사의 벌이는 상반된다. 경영자가 허영을 부리면 부릴수록 회사는 확실히 돈을 벌지 못하게 된다.

경영자의 허영에는 세 가지 패턴이 있다. 첫 번째 패턴은 회사의 규모에 관한 것이다. "우리 회사는 연간매상이 ×× 억 원이다."든지, "우리 회사에는 종업원이 ××명 있다." 는 것을 자랑하면서 매상이나 종업원 수를 함부로 늘리려고 한다.

상승세로 경제가 성장했던 시대에서는 물건을 만들면 팔렸으므로 종업원 수가 많은 것이나 매상이 많은 것에 이익도 따라 왔다. 그러나 저성장으로 물건이 팔리지 않는 시대에는 종업원 수나 매상을 쓸데없이 늘려도 돈은 벌지 못한다.

두 번째 패턴은 자사 빌딩의 건설, 골프 회원권·리조트 클럽의 구입, 고급차의 구입 등의 물질적인 것이다. 이러한 자산이 있으면 화려한 외관에 사회적 지위를 얻은 것 같은 느낌이 든다. 그러나 남은 현금으로 산다면 몰라도 빚을 내서까지 회사 경영에 별로 필요하지 않은 자산을 취한다면 당연히 자금조달이 힘들어져서 돈을 벌지 못하게 되고 심지어 회사가 파산하는 경우도 적지 않다.

세 번째 패턴은 청년회의소, 동업자 조합, 타업종 모임 등 단체의 임원이 되는 일이다. 명예욕이라든지 남한테 잘 보이고 싶다는 허영으로 이러한 단체의 임원을 맡는 사람이 많은데, 그 직함에 따른 업무에 많은 시간을 빼앗겨 본업의 경영이 기울었다는 경우도 적지 않다.

 ## 경영자의 세 가지 허영이란?

1 회사 규모에 대한 허영

- 매상
- 종업원 수
- 점포 수 등

를(을) 함부로 늘리고 싶어한다.

2 회사 자산에 대한 허영

- 자사 빌딩
- 골프 회원권
- 고급차 등

이 필요 없는데 구입하고 싶어한다.

3 명예욕에 대한 허영

- 공직
- 명예직
- 단체임원 등

을 맡는다.

> 경영자가 허영을 부리면 회사는 돈을 벌지 못하게 되고 심지어 기우는 경우가 많다.

돈을 버는 회사로 바뀌는
아이디어

2편

재무 · 관리
회계 편

10가지의 아이디어를 활용하자!

재무 · 관리

회계편

손익분기점을 낮추어라

손익분기점을 낮추면 이익이 나오기 쉬워져 불황에 강한 체질로 만들어진다. 손익분기점을 낮추는 방법을 알아 두자.

손익분기점이 낮을수록 이익은 나오기 쉽다

매상과 비용이 같은 액수여서 이익이 정확히 제로가 될 때의 매상을 손익분기점이라고 한다. 실제의 매상이 손익분기점을 웃돌고 있으면 이익이 생기고, 손익분기점보다 아래에 있을 때는 손실이 생기게 된다. 그 때문에 손익분기점이 낮을수록 이익이 나오기 쉽고 적자가 나기 어려운 체질이 된다고 할 수 있다.

손익분기점을 구하기 위해서는 비용을 변동비와 고정비로 나눌 필요가 있다. 변동비란 매상에 따라 비례적으로 발생하는 비용이며, 고정비란 매상에 관계없이 일정하게 발생

하는 비용을 말한다. 인건비 · 임대료 · 감가상각비 등은 고
정비이며 매상원가 · 포장운임 · 광고 선전비 등은 변동비의
전형적인 것들이다.

매상, 변동비 및 고정비를 하나의 도표로 정리하여 이
익 · 손실과의 관계를 나타낸 것이 손익분기점 도표이다.

여기서 매상 선과 총비용 선이 교차하는 곳이 손익분기점
이다.

손익분기점을 낮추려면 고정비를 삭감하는 것이 가장 효
과적이다. 구체적인 고정비 삭감 방법에 대해서는 제3장의
25에서 자세히 설명하겠다.

손익분기점을 낮추는 또 한 가지 방법은 변동비의 삭감이
다. 변동비는 매상에 비례하여 증가하는 것이므로 여기서는
변동비율(변동비를 매상로 나눈 값)을 낮춘다고 하는 편이 좋
을 지도 모른다. 변동비율을 낮추려면 비용 삭감이 효과가
있다. 비용 삭감 방법에 대해서는 제7장을 중심으로 해설하
겠다.

 # 손익분기점을 낮추려면?

● 손익분기점 도표

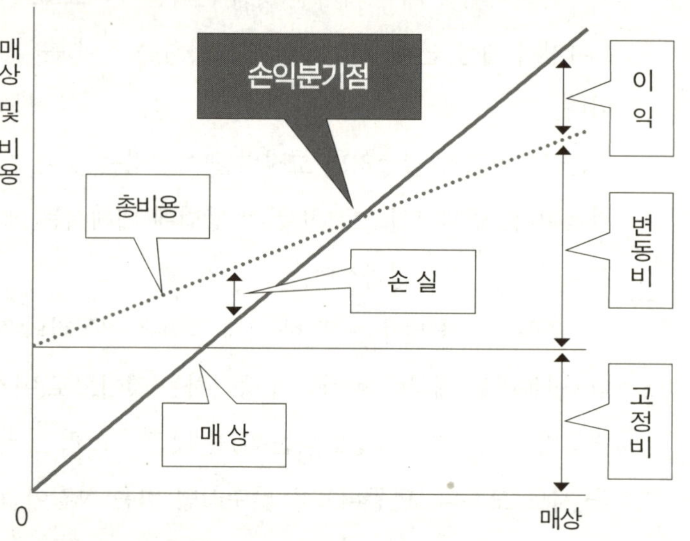

손익분기점을 낮출 수 있으면 이익이 나오기 쉬워져서 돈을 버는 체질로 만들어진다.

손익분기점을 낮추려면

1 고정비를 낮춘다.

2 변동비율을 낮춘다.

24

매상 예산을 설정하라

어떤 회사라도 매상 예산이 있을 것이다. 어떻게 예산액을 결정하면 좋은지 그 방법을 배워 두자.

이익 목표로부터 매상 예산을 산출한다

어떤 회사라도 매상의 목표나 예산이 있을 것이다. 문제는 어떻게 목표나 예산을 결정하면 좋은가이다. 이미 설명한 것처럼 회사의 목표를 매상에 두면 돈을 벌지 못하는 회사가 되는 경우가 적지 않다. 그 때문에 회사는 자금의 뒷받침이 있는 이익을 목표로 해야 하지만 이익은 매상처럼 명확하게 밝혀내기 쉬운 것은 아니다.

그래서 목표로 하는 이익금을 결정하여 그 목표이익을 달성하기 위해 필요한 매상을 산출하는 방식을 추천한다. 목표이익을 달성하기 위해 필요한 매상은 손익분기점 분석을 사용하여 구할 수 있다.

다음 그림을 보자. 손익분기점이 되는 매상은 '고정비÷(1−변동비율)'로 구할 수 있다. 비용을 고정비와 변동비로 나눌 수 있으면 손익분기점 매상은 간단하게 구할 수 있다.

손익분기점 매상은 이익이 제로가 되는 매상이다. 그 때문에 목표이익을 달성하기 위한 매상은 '(고정비+목표이익)÷(1−변동비율)'로 구할 수 있게 된다.

가령, 고정비가 8,000만 원 들고 변동비율이 60%인 회사의 경우를 생각해 보자. 이 회사의 손익분기점은 8,000만 원÷(1−0.6)=2억 원이다. 이 회사가 1,000만 원의 이익을 올리려고 하면 (8,000만 원+1,000만 원)÷(1−0.6)=2억 2,500만 원의 매상이 필요하다.

 # 목표이익을 달성하기 위한 매상은?

1 이익이 제로인 상태

매상 – (변동비 + 고정비) = 0

⬇

매상 – 변동비 = 고정비

⬇

$$매상 \times \left(1 - \frac{변동비}{매\ 상}\right) = 고정비$$

⬇

2 손익분기점 매상
(이익이 제로일 때의 매상)

$$매상 = \frac{고정비}{1 - \dfrac{변동비}{매상}}※$$

⬇

3 목표이익을 달성하기 위한 매상

$$매상 = \frac{고정비 + 목표이익}{1 - \dfrac{변동비}{매\ 상}}※$$

※ 변동비 ÷ 매상 = 변동비율

25

고정비를 삭감하라

고정비를 삭감하면 손익분기점을 낮출 수 있다. 고정비를 증가시키지 않는 것은 물론 항상 삭감에 노력하자.

설비투자나 인력의 채용은 신중하게

제3장의 23에서 서술한 것처럼 고정비를 삭감함으로써 손익분기점을 낮출 수 있다.

고정비의 대표적인 것이 설비투자에 의한 감가상각비와 인건비이다. 그러나 설비투자는 일단 하게 되면 감가상각비를 없앨 수는 없고, 사람도 일단 채용하게 되면 인건비를 줄이는 것이 쉽지 않다.

그래서 우선 대전제로서, 고정비가 현재 상태보다 증가하는 일이 없도록 항상 경계하자. 그것을 위해서는 설비투자나 인력의 채용은 신중하게 행하지 않으면 안 된다. 설비투자나 인재의 채용은 회사가 성장하기 위해 필요한 적극적인 경영의 일면이지만 한편으로 고정비의 증가를 초래하여 수익력이 낮고 취약한 경영체질을 만들어 내는 경우도 적지 않다.

그럼, 고정비를 삭감하려면 어떻게 하면 좋을까? 우선 설비 면에서는 도움이 되지 않는 자산을 처분하여 차입금을 상환하는 것이다. 그러면 감가상각비와 차입금 이자를 삭감할 수 있다. 또 동시에 임대 사무소·전세점포·임대 공장의 이용, 중고품의 이용 등을 검토하자.

인재 면에서는 인재파견 등의 아웃소싱의 이용, 파트타임·아르바이트를 활용함으로써 인건비의 삭감을 꾀한다. 또 능률급(能率給)의 채용 등을 검토하는 것도 한 가지 방법이다.

고정비의 삭감을 꾀할 때에 한 가지 주의해야 할 것은 자산의 처분이나 인건비의 삭감에 의해 사원의 동기가 저하되는 일이 있다는 점이다. 그 때문에 고정비 삭감의 목적을 충분히 이해시킬 필요가 있다.

 고정비의 삭감 방법은?

▶ 설비비 ◀

감가상각비, 고정 자산세, 차입금 이자의 삭감

❶ 도움이 되지 않는 자산의 매각

❷ ❶에 의한 차입금의 상환

❸ 설비투자의 신중한 검토

❹ 중고품의 구입

❺ 임대 공장, 전세점포의 이용

❻ 임대 사무소의 이용 등

▶ 인재면 ◀

인건비의 축소

❶ 능률급의 채용

❷ 인재파견의 이용

❸ 파트타임 · 아르바이트의 채용

❹ 채용의 억제

> 고정비, 특히 설비 면의 비용과 인건비의 증가에는 경계하고 항상 삭감에 노력하는 것이 중요하다.

26

채산에 맞지 않는 부문·상품으로부터 철수하라

채산에 맞지 않는 부문으로부터 철수하면 회사 전체의 이익률을 올릴 수 있다. 또 채산에 맞지 않는 부문의 자산을 매각하면 자금 회수도 할 수 있다.

결단이 늦으면 회사의 위기가 되기도 한다

기업경영에 대해서는 새로운 투자를 실행하는 것뿐만 아니라 투자로부터 철수하는 일도 또한 중요한 포인트이다. 채산에 맞지 않는 상품이나 사업 분야, 점포, 지점, 공장 등은 항상 재검토하여 수익 개선을 도모함과 동시에 이것들을 폐지하거나 통합하거나 혹은 매각하는 것을 검토해 보자.

그런데 어느 부문, 어느 상품이 채산에 맞지 않는지 그리고 그 원인은 어디에 있는지 올바로 파악하고 있을까? 총이익률을 보면 대체로 수익 상황은 알 수 있지만 채산에 맞지 않는 부문을 올바로 보아 분간하기 위해서는 한계이익 분석을 실시할 필요가 있다.

　한계이익이란 매상으로부터 매상과 비례하여 증감하는 비용인 변동비를 뺀 것이다. 오른쪽의 도표처럼 사업 부문별(혹은 제품별)로 한계이익 분석을 실시하면 철수해야 할 사업 부문이 보이게 된다. 한계이익이 마이너스인 사업 부문에서는 즉시 철수해야 한다.

　철수를 결단 내리기란 투자를 결단하기보다도 더욱 어려운 일인데 결단이 늦으면 늦을수록 손실이 커진다. 그러나 민첩한 철수는 손실의 확대와 도움이 되지 않는 자금의 유출을 막는다. 게다가 관련자산을 매각하면 자금의 일부를 회수할 수도 있다. 저성장시대에 돈벌이를 만들고 기업이 살아남기 위해서는 채산에 맞지 않는 부문으로부터의 용기 있는 철수, 그것도 빠른 시기에 철수할 결단이 필요해진다.

 ## 한계이익 분석으로 채산에 맞지 않는 부문을 분간한다

● 사업부문마다의 한계이익 분석

	A	B	C	D	E
매상	600	500	560	500	500
변동비	300	220	300	525	475
한계이익	300	280	260	△25	25
고정비	200	240	200	100	100
이익	100	40	60	△125	△75
한계이익률 (한계이익÷매상)	50%	56%	46%	△5%	5%

> D사업부의 매상에서는 변동비조차 회수할 수 없기 때문에 즉시 철수해야 한다.

> E사업부는 고정비 100 중 25를 회수하고 있다. 따라서 즉시 철수할 필요는 없지만 이 고정비의 발생을 없앨 수 있으면 철수해야 한다.

> 한계이익 분석을 실시하면 철수해야 할 부분이 보인다.
> 한계이익이 마이너스인 부분에서는 즉시 철수하자.

27

이익률이 높은 부문·상품에 집중하라

채산에 맞지 않는 부문·상품에 투입하던 자원을 이익률이 높은 부문·상품에 재투입함으로써 효율적으로 이익을 낼 수 있다.

지표로 삼는 이익률은 무엇이 좋은가?

돈벌이를 하기 위해서는 채산에 맞지 않는 부문·상품으로부터 철수하여 거기에 투입하던 자금, 자산, 인재 등을 이익률이 높은 부문·상품에 투입해야 한다.

자금이나 인재의 투입처를 결정할 때 지표로 삼아야 할 이익률에는 무엇이 적격일까?

이익률 중에서 가장 간단하게 구할 수 있는 것은 총이익(gross margin)률이다. 물론 총이익률도 한 가지 판단기준이 되지만 물건을 팔기 위해서는 판매 수수료, 광고 선전비, 교통비, 인건비, 임차료 등의 비용이 들기 때문에 이러한 비용

(판매비 및 일반 관리비)을 공제한 후의 영업이익으로부터 계산하는 영업 이익률 쪽이 낮다.

그러나 할 수만 있다면 철수할 때처럼 한계이익 분석을 실시하여 한계이익률이 가장 높은 부문에 힘을 쓰도록 하면 좋을 것이다. 한계이익률이란 한계이익을 매상으로 나눈 값으로, 한계이익이 매상에서 차지하는 비율을 나타낸다. 즉 가장 효율적으로 이익을 내기 위해서는 한계이익률이 가장 높은 부문·상품의 매상을 늘리면 좋다.

가령, 앞 페이지(p. 99 참조)의 도표를 예로 생각해 보면, 부문 A의 한계이익률은 50%, B의 한계이익률은 56%, C의 한계이익률은 46%이다. 이 경우는 부문 B의 한계이익률이 가장 높기 때문에 B에 힘을 쓰면 당면의 이익을 가장 많이 얻을 수 있다. 또, 단골 거래처 별로 이익률을 계산해 보고, 이익률이 높은 단골 거래처와의 거래를 늘림으로써 수익성을 올릴 수 있다.

 # 지표가 되는 세 가지 이익률

	총이익률	영업이익률	한계이익률
이익의 종류	총이익 (매상 – 원가)	영업이익 매상원가 (매상–판매비 및 일반 관리 비)	한계이익 (매상 – 변동비)
계 산 식	$\dfrac{총이익}{매상}$	$\dfrac{영업이익}{매상}$	$\dfrac{한계이익}{매상}$
장 점	가장 간단하게 구할 수 있다.	판매에 드는 비용도 고려할 수 있다.	매상과 직접 대응한다.
단 점	판매에 드는 비용을 고려할 수 없다.	부문별로 판매비, 일반 관리비를 나누는데 수고가 많이 든다.	고정비와 변동비로 나누는데 수고가 많이 든다.

가장 효율적으로 이익을 벌어들이기 위해서는 한계이익률이 가장 높은 부문·상품에 힘을 써야 한다.

제품별 원가계산을 하라

28

수익성을 높이기 위해서는 돈을 벌어 들이는 제품과 돈을 벌지 못하는 제품을 판별할 필요가 있다. 그것을 위해서는 제품별 원가계산을 빠뜨릴 수 없다.

돈을 벌지 못하는 제품을 취급하는 것을 그만둔다

제조업이면 어떤 회사라도 원가계산을 하고 있을 것이다. 그러나 올바른 원가계산, 특히 제품별로 올바른 원가계산을 하는 회사는 그리 많지 않다. 대부분의 회사에서는 단순히 당기제품 제조원가와 기말 시험제작중인 물건·제품의 금액을 산출하기 때문에, 즉 결산을 실시하기 위해 원가계산을 하는 데에 지나지 않는 경우가 현실이다.

회사의 수익성을 올리기 위해서는 돈을 벌지 못하는 제품은 제조를 줄이거나, 그만두거나 하고 돈을 벌어 들이는 제품에 힘을 쓰지 않으면 안 된다. 그것을 위해 필요한 것이 제품별 원가계산이다. 제품별로 올바른 원가계산을 하지 않으면 어느 제품이 돈을 벌고, 어느 제품이 돈을 벌지 못하는 것인지 전혀 모른다.

또 올바른 원가계산을 하면 원가관리에 유용하게 쓸 수 있다. 어디에 쓸데없는 비용이 들었는지 파악할 수 있으므로 원가가 높아지는 원인을 알 수 있어 원가를 낮출 수 있다.

덧붙여 제조업에 국한되지 않고 물품 판매업이라도 상품별 원가를 계산하여 이익이 생기지 않는 상품은 취급하는 양을 줄인다든지, 취급을 그만두거나 하여 보다 이익이 많은 상품에 힘을 쓰도록 하자.

예산관리를 철저히 하라

예산은 예측이나 소망이 아니라 경영목표를 실현하는 프로세스를 숫자로 나타낸 것이다.
그 때문에 예산관리는 중요한 의미를 가진다.

예산은 목표에 도달하기 위한 프로세스

예산은 그 연도에 얼마의 매상을 올리고, 얼마의 비용이 들어, 얼마의 이익을 올리는가를 구체적인 숫자로 나타낸 것이다. 그런데 예산이라고 하면 단순한 예측이라든지 소망이라고 이해하는 사람이 적지 않은 것 같다. 따라서 예산이 있어도, 많은 경우는 그림의 떡인 것이 현실이다.

회사는 경영비전을 실현하기 위한 구체적인 계획으로서 중장기 경영계획(3~5년 단위)을 작성한다. 이 중장기 경영계획은 나아가서는 연도계획으로 나눌 수 있다. 그리고 연도계획을 계획대로 실현하기 위한 수단으로서 설정되는 것이 연도예산이다. 즉 간단하게 말하면 회사의 경영비전이나 목표에 도달하기 위한 프로세스를 숫자로 나타낸 것이 예산이다.

그 때문에 예산은 만들기만 해서는 아무 의미도 없다. 예산관리를 실시하여 월마다 예산이 달성되어 있는지, 만약 되지 않았다면 그 원인은 무엇인지 점검하는 것이 중요한다.

만일 예산을 달성할 수 없으면 회사의 장래성은 크게 빗나가 버린다. 예산 달성은 회사의 사활이 걸린 문제라는 점을 꼭 인식하자.

월차결산은 반드시 실시하라 30

예산은 항상 실적과 대조하여 달성 상황을 점검할 필요가 있다. 그것을 위해 월차결산은 반드시 실시해야 한다.

매월의 예산 달성 상황을 점검한다

월차결산을 전혀 행하지 않는 회사도 있는 것 같다. 또 월차결산을 실시하고 있어도, 그것은 단지 기말의 결산 대책에 대비하기 위해서 하는 회사도 적지 않다. 여기서는 월차결산이 필요한 진정한 이유를 한 번 더 생각해 보자.

예산은 회사의 단기적인 목표로서 월차예산은 그 달의 목표나 다름없다. 목표를 달성하기 위해서는 항상 예산과 실적을 대조하여 달성 상황을 항상 점검할 필요가 있다. 이것을 예실적(預實積) 관리라고 하여, 이 예실적 관리를 실시하기 위해 필요한 것이 월차결산이다.

월차결산을 실시하고 매달의 예산과 실적을 비교하여 만일 예산이 달성되어 있지 않다면 그 원인은 무엇인가, 미달만큼의 예산을 어떻게 보완하면 되는지 시급하게 생각하지 않으면 안 된다. 만일 실적과 예산의 격차가 너무 커서 연도 예산의 달성이 어렵다고 생각될 경우는 예산을 수정하는 일도 검토할 필요가 있을 것이다.

예산을 작성하는 것보다도 오히려 매달의 예실적 관리가 중요하다. 그리고 만일 문제가 있으면 즉시 궤도수정을 하지 않으면 안 된다. 그것을 위해서는 월차결산의 실시를 빠뜨릴 수 없다.

월차결산은 다음달 5 영업일까지 하라

너무 늦은 월차결산은 아무 의미도 없다. 회사의 상황을 정확하게 파악하기 위해서는 월차결산은 빠르면 빠를수록 좋다.

스피드뿐만 아니라 정확함도 필요하다

월차결산의 의미와 중요성에 대해서는 앞 항에서 설명했다. 회사의 상황을 정확하게 파악하기 위해서는 월차결산이 빠를수록 좋다. 할 수 있으면 다음달 5 영업일에는 월차결산이 완성되도록 해야 한다.

경영자가 알고 싶은 것은 과거의 실적이 아니라 지금 현재의 실적일 것이다. 현재의 실적과 예산을 비교하여, 만일 달성하고 있지 않다면 그 원인을 분석하고 재빨리 개선책을 취하는 것이 중요하다.

정보란 빠르면 빠를수록 가치가 있다. 1개월이나 2개월 늦게 완성되는 월차결산은 아무런 의미도 없다. 개선책을 취한다고 해도 손을 쓸 수 없게 되었을지도 모른다.

덧붙여 연도 말에 결산을 행하였더니 월차결산으로부터 예상된 숫자와는 전혀 다른 결과가 되어 버렸다는 것은 월차결산 그 자체의 의미가 없어지게 된다. 그 때문에 월차결산에서는 엄밀하지 않아도 가능한 한 올바른 회계 처리를 해둘 필요가 있다.

현금흐름 계산서를 만들어라 **32**

손익계산서만으로는 진정한 기업활동의 결과를 읽어낼 수 없다. 때문에 현금흐름 계산서를 작성할 필요가 있다.

왜 '계산만 있고 돈이 없는' 일이 일어나는가?

최근까지 많은 경영자는 손익계산서를 중시해 왔다. 그러나 손익계산서로부터 진정한 기업활동의 결과를 읽어낼 수 없는 경우도 적지 않다. 손익계산서의 이익에는 자금의 뒷받침이 있다고는 말할 수 없고 그 이익은 계산상의 이익, 숫자상의 이익에 지나지 않는 경우가 많다.

그 증거로, 중소기업의 경영자라면 이익이 생겼을 때 세금을 지불하지 않으면 안 될 텐데 그 자금이 수중에 없다는 경험을 한 사람도 적지 않을 것이다. 이른바 '계산만 있고 돈이 없다'는 상태이다.

이것은 손익계산서가 '현금주의'가 아니라 '발생주의'와 '실현주의'에 근거하여 이익을 계산하고 있기 때문이다. 발생주의나 실현주의에서는 실제로 입금이나 지불을 하지 않아도 상품의 인도나 서비스 제공이 있었던 시점에서 매상이나 비용을 계상한다. 그러나 회사의 거래는 외상거래를 중심으로 하기 때문에 실제의 입금과 매상계상의 시기에 차이가 생기게 된다. 그 때문에 손익계산서상에서는 이익이 나와 있어도 자금이 수중에 없는 사태가 생긴다. 그래서 손익계산서에서는 몰랐던 실제의 돈의 흐름을 분명히 하기 위하여 현금흐름 계산서가 작성된다.

현재 현금흐름 계산서의 작성이 의무화되어 있는 곳은 주식을 공개하고 있는 기업뿐인데 경영의 실태를 보다 정확하게 파악하기 위해서는 중소기업에서도 작성해야 할 것이다.

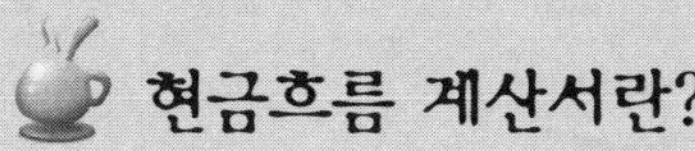

❶ 영업활동에 의한 현금흐름

세금공제 전 당기 순이익	73,000
감가상각비	9,000
퇴직급여 준비금의 증가액	1,000
수취 이자 및 수취 배당금	−16,000
지불이자	8,000
유형 고정자산 제거손해	400
매상채권의 증가액	−12,000
재고정리 자산의 감소액	19,000
구입 무의 감소액	−1,000
미불 소비세 등의 증가액	1,000
할인어음의 감소액	−4,000
임원상여의 지불액	−4,000
소계	74,400
이자 및 배당금의 수취액	14,000
이자의 지불액	−5,400
법인세 등의 지불액	−44,000
영업활동에 의한 현금흐름 ①	39,000

❷ 투자활동에 의한 현금흐름

정기예금의 예입에 의한 지출	-4,000
정기예금의 환불에 의한 지출	4,000
유가증권의 취득에 의한 지출	-15,200
투자유가증권의 취득에 의한 지출	-13,400
유형 고정자산의 취득에 의한 지출	-22,100
투자활동에 의한 현금흐름 ②	-50,700

❸ 재무활동에 의한 현금흐름

단기차입금 증가액수	2,000
장기차입에 의한 수입	21,000
장기차입금의 상환에 의한 지출	-2,000
주식 발행에 의한 수입	5,000
배당금의 지불액	-20,000
재무활동에 의한 현금흐름 ③	6,000

❹ 현금 및 현금 동등물의 증가액 ①+②+③	-5,700
❺ 현금 및 현금 동등물 기초 잔고	26,200
❻ 현금 및 현금 동등물 기말 잔고	20,500

> 기업의 활동을 영업활동, 투자활동, 재무활동의 세 가지로 나누어 돈의 흐름을 나타내는 것이 현금흐름 계산서이다.
> 경영의 실태를 정확하게 파악하기 위해 반드시 작성하자.

Key Point

자산 · 부채

관리 편

10가지의 아이디어를 활용하자!

CHAPTER 4

자산·부채관리 편

자산·부채 관리 편

ROA를 중시하여 경영하라

총자본 경영 이익률(ROA)은 총자본을 사용하여 얼마나 효율적으로 돈을 벌었는가를 나타내는 지표이다. 작은 회사는 ROA를 실적의 지표로 삼아야 할 것이다.

적은 자본으로 많은 이익을 벌기 위해서는

앞에서 서술했듯이 지금까지는 매상이나 이익금액을 중시한 경영을 해왔다. 고도 성장기에는 그런 경영도 좋았다. 그러나 반복하는데, 오늘과 같은 저성장기에 매상이나 이익을 추구해 가면 아무래도 불필요한 일이나 무리가 생겨 결과적으로 실적이 악화되는 일이 적지 않다.

그 때문에 저성장기에는 효율성을 중시한 경영을 해야 한다. 적은 자본으로 많은 이익을 목표로 한다. 그 때의 실적을 측정하는 방법은 얼마만큼의 자본을 사용하여 얼마만큼의 이익을 얻었는가, 즉 자본 이익률로 측정하게 된다.

　자본에는 자기자본과 총자본이 있으며 이익에도 영업이익, 경상이익, 당기이익 등이 있기 때문에 그 편성에 따라서는 자본 이익률에도 몇 가지 사고방식이 있다. 그 중 대표적인 것은 총자본 경상 이익률(ROA)과 자기자본 당기 이익률(ROE)이다.

　상장기업에서는 주주를 소중히 하는 경영 발상으로부터 자기자본 당기 이익률이 중시되고 있다. 그러나 중소기업에서는 차입금이 많고 자기자본이 극히 적은 경우가 많기 때문에 자기자본 이익률이 그다지 의미가 없는 때도 적지 않다. 또 총자산(총자본)을 사용하여 경영한다는 발상에서부터(제1장의 05) 총자본 경상 이익률을 실적의 지표로 삼아야 한다.

 # 자본 이익률의 사고방식은?

$$\text{자본 이익률} = \text{이익} \div \text{자본}$$

● **자본과 이익의 종류**

자본과 이익의 편성에 따라 자본 이익률에는 몇 가지 종류가 있다. 대표적인 것이 ROA와 ROE이다.

자본	이익
총자본	매상 총이익
자기자본	영업이익
	경상이익
경영자본	세금공제 전 이익
	당기이익

● **ROA**

$$\frac{\text{총자본 경상 이익률}}{(\text{Return On Assets})} = \frac{\text{경상이익}}{\text{총자본}}$$

● **ROE**

$$\frac{\text{자기자본 당기이익}}{(\text{Return On Equity})} = \frac{\text{당기이익}}{\text{자기자본}}$$

차입금은 많고 자기자본이 적은 중소기업은 총자본 경상 이익률을 중시해야 한다.

34

ROA가 낮은 원인을 밝혀 내라

ROA는 매상 경상 이익률과 총자본 회전율로 분해할 수 있다. ROA가 낮은 경우는 어느 쪽에 문제가 있는지 분석하자.

동업종의 평균치와 비교해 보면…

총자본 경상 이익률에는 자본효율의 총괄적인 지표로서 중요한 의미가 있다.

업종에도 좌우되지만 ROA는 20% 정도 있으면 양호하다. ROA가 낮은 경우는 그 원인을 조사하지 않으면 안 된다. 그것을 위해서는 ROA를 두 가지 요소로 분해하여 조사하는 방법이 유효하다.

그림과 같이 ROA는 경상이익을 매상으로 나눈 매상 경상 이익률과 매상을 총자본으로 나눈 총자본 회전율로 분해할 수 있다. 즉 ROA를 높이려면 매상 경상 이익률을 높이든지 총자본 회전율을 높이면 된다. 또 각각의 비율을 업계의 평균값 등과 비교해 보면 ROA가 낮은 이유는 매상 경상 이익률 또는 총자본 회전율의 어느 쪽에 문제가 있든지 혹은 양쪽 모두에 문제가 있다는 사실을 알 수 있다.

매상 경상 이익률에 대해서는 또한 매상 총이익률, 매상 영업 이익률을 계산해 보고 어디에 문제가 있는지 찾을 필요가 있다.

총자본 회전율이 낮다고 하면 총자산이 경영에 제대로 쓰이지 않았기 때문이다. 그래서 총자산 중 어디에 문제가 있는지 자산의 종류마다 나누어 한층 더 분해해 보자.

총자산 가운데에서 금액이 큰 것은 매상채권, 재고정리 자산 및 고정자산이다. 그러므로 매상을 이 세 가지 자산으로 나누고 매상채권 회전율, 재고정리 자산 회전율, 고정자산 회전율을 계산해 보자.

ROA를 분해하면?

ROA = 경상이익 ÷ 총자본

$$= \frac{경상이익}{매\;\;상} \times \frac{매\;\;상}{총자본}$$

$$= 매상\;경상\;이익률 \times 총자본\;회전율$$

나아가 ① 매상 총이익률, ② 매상 영업 이익률을 확인하고 문제점을 찾는다.

1 매상 총이익률 = 매상 총이익 ÷ 매상
2 매상 영업 이익률 = 영업이익 ÷ 매상

나아가 ① 매상 채권 회전율, ② 재고정리 자산 회전율, ③ 고정자산 회전율을 확인하고 문제점을 찾는다.

1 매상 채권 회전율 = 매상 ÷ 매상채권
2 재고정리 자산 회전율 = 매상 ÷ 재고정리 자산
3 고정자산 회전율 = 매상 ÷ 고정자산

외상대금 회수를 철저히 하라

외상대금 회수를 못 하면 회사는 큰 손실을 입는다. 따라서 세일즈맨에게는 대금 회수의 소중함을 충분히 숙지시켜야 한다.

회수의 지연은 손실로 이어진다

외상대금의 잔고가 늘어나면 자금조달이 힘들어진다. 외상판매의 경우, 상품을 판매해도 바로 대금이 들어오지 않는다. 그러나 대금을 회수하고 있느냐에 관계없이 급여나 집세·지가, 구입대금 등의 지불은 찾아온다. 그러니까 외상대금은 가능한 한 빨리 회수하여 항상 외상대금의 잔고를 줄이는 것이 중요하다.

조건대로 외상대금을 회수하고 있으면 문제는 없지만 회수가 늦어지면 그만큼 불필요한 비용이 발생한다. 특히 문제가 되는 것은 부실채권화하여 회수할 수 없게 되었을 때이다. 이렇게 되면 큰 손실이 생기게 된다.

외상대금을 좀처럼 회수할 수 없는 이유는 영업방식에 문제가 있기 때문이다.

그 하나는 무리한 강매이다. 세일즈맨에게 판매 할당량을 부과하거나 세일즈 캠페인을 실시한다고 할 경우, 세일즈맨이 무리한 강매를 하기 쉽다. 매상숫자를 확보하기 위해 세일즈맨이 지불기간을 늘리는 등 회수조건을 변경하거나 신용한도를 넘는 액수의 외상판매를 하게 된다. 그 결과 외상대금을 회수하지 못하고 외상대금의 잔고는 늘어나고 만다.

회수 없이 판매 없음!

또 하나는 청구누락이나 회수누락이다. 세일즈맨이 파는데 바빠서 청구서의 발행을 잊어버리거나 회수에까지 손이 미치지 못하여 채권의 회수누락이 생기는 것이다.

외상대금의 회수를 철저히 하기 위해서는 세일즈맨에 대한 교육·연수를 빠뜨릴 수 없다. 영업은 물건을 파는 일과 그 대금을 회수하는 일이라고 하는 점을 철저히 주지시켜야 한다. '판매는 대금의 회수를 해야만 완료된다', '회수 없이 판매 없음'이라는 영업 상식을 세일즈맨의 머리에 주입시켜 둘 필요가 있다.

또 많은 회사에서는 세일즈맨의 실적을 판매액으로 평가하고 있다. 그 때문에 세일즈맨은 대금회수에 신경을 쓰지 못한다. 그러므로 세일즈맨의 실적평가를 회수액으로 평가하는 구조를 만드는 것도 필요하다.

 ## 외상대금의 회수 스피드와 이익의 관계는?

회수 스피드	이익에의 공헌도	문 제 점
조건대로	○	문제 없음
늦게 회수함	△	• 자금조달 악화 • 회수 비용의 발생
회수할 수 없음	×	• 회수할 수 없는 금액에 의해 큰 손실이 발생

36

인수어음을 줄여라

인수어음에는 자금조달의 악화, 할인료의 부담, 회수불능 대출금의 리스크 등 디메리트(단점)가 많다. 어음은 가능한 한 받아서는 안 된다.

어음은 가능한 한 받지 않는다

인수어음의 사이트(sight : 어음을 발행하고 나서 결제될 때까지의 기간)는 통상 2개월이나 3개월인데 그 중에는 5개월이나 6개월 정도 되는 것도 있다.

상품을 판매하여 그것이 자금화되는 시기가 5개월이라든지 6개월이 되면 당연히 자금조달이 악화된다. 월급이나 집세 등의 경비는 매월 지불하지 않으면 안 되며 구입대금도 1개월 정도의 기간으로 지불되는 것이 통상이기 때문에 어음은 가능한 한 받지 않았으면 한다.

어음을 받아도 할인하면 된다고 생각하는 사람도 있는데

어음은 은행에 가지고 간다고 무조건 할인해 주는 것이 아
니다. 어음할인이란 은행 융자의 일종이다. 그러니까 어음
을 은행에 반입하여 할인 받으면, 그만큼 융자 범위가 줄어
들게 되기도 한다. 또 어음을 할인하려면 할인료가 든다. 할
인료를 지불하면 그만큼 회사의 이익이 줄어든다는 사실을
다시 한 번 되새기자.

나아가 더 중요한 것은 원래 어음을 발행하는 이유는 수
중에 자금이 없기 때문이라는 점을 이해해야 한다. 어음을
발행하는 회사는 언제 도산해도 이상하지 않다고 생각해야
한다.

어음거래를 없앤다는 것은 자금조달이 힘든 회사와의 거
래를 없애는 것과 같다. 자금조달이 힘든 회사와의 거래가
없어지면 당연히 부실채권은 감소할 것이다.

가격인하에 응하는 대신에 현금거래로 한다

그렇다고 해도 지금까지 어음거래를 하고 있었는데 갑자
기 현금으로 지불해 달라고 하는 것도 무리가 있다. 그래서
가령 단골 거래처가 가격인하 요구를 해왔을 때에 가격 인
하의 조건으로 현금으로 회수하도록 판매조건을 변경하는

교섭을 해보면 어떨까?

디플레이션 경제화로 가격경쟁이 심해져 가끔 가격인하의 요구가 있을 터이므로 어쩔 수 없이 가격인하에 응해야 할 경우에는 그 조건으로서 대금을 현금으로 회수하기로 한다.

대금의 일부를 현금회수로 한다

또 일부를 현금지불로 해달라고 하는 방법도 생각할 수 있다. 가령, 500만 원의 외상대금을 회수하는 경우, 그 전액을 어음으로 회수하는 것이 아니라 250만 원을 현금으로, 나머지 250만 원을 어음으로 회수한다.

만일 어음을 받지 않으면 안 될 때에는 가능한 한 기간이 짧은 어음으로 하는 조건으로 삼도록 노력하자. 또 현재 어음을 받고 있는 단골 거래처에 대해서는 어음 기간을 단축할 수 없는지 교섭해 보자.

37

무조건 재고를 줄여라

재고의 증가에 신경 쓰지 않는 경영자가 많다. 그러나 재고의 증가는 자금조달을 악화시키는 데다가 큰 손실을 가져온다.

재고가 자금조달을 악화시킨다

재고가 아무리 증가해도 손익계산서상에 나타나는 이익에는 직접적인 영향은 없다. 그 이유는 매상원가는 당기상품 매입액으로부터 기말상품 잔고를 빼서 계산하므로 재고의 많고 적음에 의해 매상원가가 많아지거나 적어지거나 하는 일은 없기 때문이다. 그런 이유에서 재고의 증가에 신경 쓰지 않는 경영자도 적지 않다.

그런데 재고가 증가하면 자금조달이 힘들어진다. 상품을 매입하면 그 대금을 지불하지 않으면 안 되는데 재고품을 판매하여 그 대금을 회수하지 못하면 지불에 대는 자금이

들어오지 않기 때문이다. 필요 이상으로 재고가 증가하면 자금이 재고의 모습으로 바뀌어 잠들게 되므로 당연히 자금 조달은 힘들어진다.

재고를 보면 빚이라고 생각하라

이와 같이 재고증가의 폐해는 우선 자금조달의 악화로 나타난다. 그 뿐만 아니라 회사에 있어서는 큰 손실을 안게 된다는 점을 잊어서는 안 된다.

재고 증가가 가져오는 손실에는 세 가지가 있다.

첫째, 재고는 금리가 든다. 매입을 외상이나 어음으로 한다고 해도 머지않아 현금으로 지불하지 않으면 안 된다. 그러나 그 재고를 판매하여 대금을 회수하지 않는 한, 수중에 자금은 들어오지 않는다. 그 때문에 차입금에 의지하지 않을 수 없게 된다.

재고를 보면 그것은 빚이 모습을 바꾼 것이라고 생각하여 금리가 붙어 있다는 것을 인식하자. 게다가 비록 무부채 경영의 회사에서도 재고로서 자금을 재워 두기보다는 그 자금을 유효하게 운용·활용해야 한다는 것은 말할 나위도 없다.

과잉재고는 손실의 근원

둘째, 재고를 보관하고 있으면 보관비용이 든다. 우선 재고를 두기 위해 공간이 필요해진다. 그 때문에 당연히 창고 임대료가 든다.

다음에 재고를 관리하기 위한 인건비가 든다. 재고가 많을수록 재고정리의 수속 등은 힘들어져서 인건비는 증대한다. 그리고 또 여러 경비가 든다. 광열비, 보험료, 포크리프트(fork lift) 등의 제비용이다.

셋째, 판매불능이 되었을 때의 손실이다. 설상가상으로, 재고를 장기간 보유하고 있으면 필연적으로 상품의 손상을 가져온다. 손상된 재고는 판매할 수 없게 되어 머지않아 폐기처분하지 않으면 안 된다. 그렇게 되면 회사는 큰 손실을 입게 된다. 게다가 폐기하는 데에도 비용이 든다는 것을 잊지 말자.

38

재고는 20%의 상품만을 가지면 된다

대략적 기준으로서 전 품목의 20%의 상품을 재고로서 가지고 있으면 매상 전체의 80%는 보완할 수 있다. 전략상품만 재고 물량을 가져라.

80 대 20의 법칙을 살린다

재고를 줄이는데 도움이 되는 것이 ABC 분석이다. 도표와 같이 세로축에 매상금액의 누계를 잡고, 가로축에 매상금액이 큰 품목순서로 늘어놓는다.

그러면 모든 상품을 ABC의 세 가지 랭크로 분류할 수 있다. A랭크 상품(매상금액이 큰 상품 = 전략상품), B랭크 상품(매상금액이 중간 정도의 상품), C랭크 상품(매상금액이 작은 상품)의 세 가지이다.

일반적으로 매상의 80%는 전략상품의 20%의 품목으로 구성되어 있다고 한다. 즉 A랭크의 전략상품이 매상의 대부분을 차지하고 있다. 업종이나 회사에 따라 다르지만, 일반적으로 재고로서 전 품목의 20%를 보유하고 있으면 그 20%가 매상의 80%를 보완할 수 있다는 것이다.

그러니까 재고로서 보관해 두는 상품은 A랭크 상품, 즉 전략상품만으로 충분하다. B랭크 상품이나 C랭크 상품은 샘플만을 보관해 두자.

A랭크의 잘 나가는 상품은 적정 재고량을 결정해 두고 물품이 부족하지 않고 과잉재고가 되지 않게 재고량을 관리해 주어야 한다. B랭크나 C랭크의 상품은 수주, 발주로 대처하면 문제 없다. 얼마 안 되는 판매 기회를 놓치지 않으려고 재고를 보유해 둘 필요는 없다.

이렇게 해두면 재고는 줄어들어 체류 재고나 불량 재고를 없앨 수 있다.

상품 부족으로 도산했다는 회사를 본 적이 없다.

 ## 재고는 20%의 잘 나가는 상품만 두면 된다

재고의 ABC분석

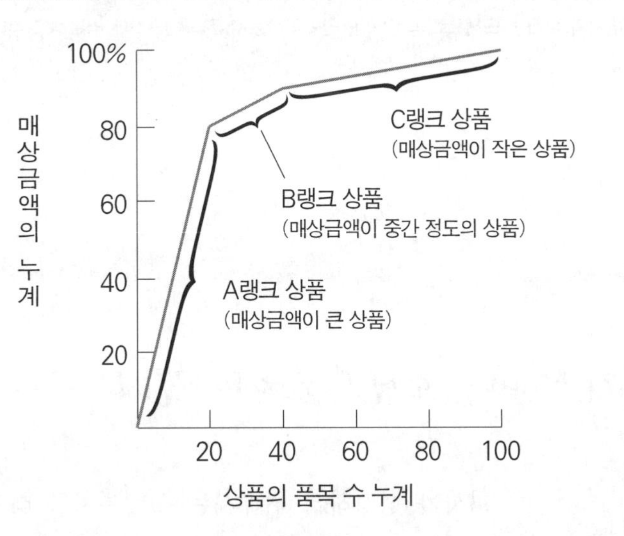

A랭크 상품	적정 재고량을 결정하여 재고를 가진다.
B랭크 상품	샘플만 두고 수주발생으로 대응한다.
C랭크 상품	

신규투자는 신중하게 검토하라

설비투자의 실패는 도산으로 직결된다. 신규투자는 아무리 신중하게 검토해도 지나치지 않다.

투자 실패는 도산으로 이어진다

회사가 성장하기 위해서는 설비투자를 빠뜨릴 수 없다. '투자 없이 성장 없음'이라는 말도 사실이지만, 한편으로 투자 실패로 회사가 도산하는 경우도 적지 않다.

따라서 투자를 할 때에 그 투자가 회사에 있어서 정말로 필요한지, 부디 몇 번이나 반복하여 신중하게 검토할 필요가 있다.

우선 본업으로부터 벗어난 분야에의 투자는 신중하게 생각해야 한다. 거품경제의 붕괴는, 본업에 철저한 기업은 끈질기게 살아남고 다각경영을 지향한 기업은 큰 타격을 입게 된다는 것을 가르쳐 주었다. 특히 부동산, 골프 회원권, 주식 등에 투자한 기업 중에는 도산한 곳도 적지 않다.

본업으로부터 벗어난 투자는 실패하는 일이 많다. 특히 저성장시대의 투자는 본업이나 본업에 관련된 분야에 한정시켜야만 한다.

수익에 공헌하는 투자인가?

다음으로, 본업 또는 본업에 관련된 분야에서도 신규로 점포를 낸다든지 공장의 증축·최신 기계의 도입 등과 같이 수익 획득에 공헌하는 투자와 본사 빌딩의 신축이라든지 창고의 구입 등과 같이 수익에 직접 공헌하지 않는 투자가 있다. 정말로 필요한 것은 수익에 직접 공헌하는 투자뿐이라는 점을 이해하자.

투자는 갚을 필요가 없는 돈으로 조달한다

그런데 설비투자를 할 때, 자금을 어떻게 조달할 것인지 계획하지 않으면 안 된다. 설비투자는 원칙적으로 갚을 필요가 없는 돈으로 조달해야 한다. 갚을 필요가 없는 돈에는 매년의 영업 현금흐름 외에 내부 유보자금과 증자에 의한 자금이 있다.

그렇다고 해도 대부분의 중소기업에는 내부 유보자금이 많이 있는 것은 아니고 증자라고 해도 간단히 자금이 모아지는 것은 아니다. 그래서 아무래도 설비투자를 위한 자금의 일부 또는 대부분을 은행 등에서의 차입자금으로 조달하게 된다.

차입을 하여 투자할 경우는 특히 신중하게 검토할 필요가 있다. 차입에 의해 자금조달을 할 때는 공장의 증설이나 신규로 점포를 낸다는 본업에서 수익을 획득할 수 있는 투자에 한정해야 한다.

차입금을 비교적 리스크가 있는 투자에 사용한다든지, 자사 빌딩과 같이 그다지 필요하다고 생각되지 않는 곳에 사용하는 일은 피해야 한다. 왜냐하면 차입금은 상환하지 않으면 안 되기 때문이다. 리스크가 있는 투자나, 자사 빌딩과 같은 이익을 낳지 않는 투자에 사용하면 차입금의 상환에 의해 자금조달이 압박을 받게 된다.

또 단기 차입금을 투자자금에 사용하는 일은 절대로 해서는 안 된다.

경영에 필요 없는 자산은 처분하라 40

경영에 필요 없는 자산이 있다면 거기에 자금이 잠자고 있다는 것이다. 불필요한 자산은 즉시 처분해야 한다.

정산하지 않은 가불금, 선불금은 없는가?

대차대조표의 자산 항목에서 그 외의 유동 자산 안에 가불금, 선불금, 남 대신 지불한 돈, 대출금 등 회사 경영에 직접 필요하지 않은 항목, 용도가 분명하지 않은 항목은 없을까?

이러한 항목이 있다면 거기에 자금이 잠자고 있다는 것이다. 이러한 항목의 상당수는 경영자의 공사 혼동으로부터 생긴다. 가령, 경영자가 개인적으로 사용한 식대나 유흥비를 가불금이나 남 대신 지불한 돈으로 처리하여 그것이 몇 년이나 정산되지 않은 채 매년 늘어난 것, 또 경영자의 가족이나 개인적인 교제 상대에게 돈을 사용한 경우 등이다.

이러한 경영자에 대한 개인적인 가불금이나 남 대신 지불한 돈, 가족 등에 대한 대출금은 제대로 회수하지 않으면 안 된다.

불필요한 자산을 가지고 있지 않은가?

투자 목적이나 교제상 구입한 주식이나 채권 등의 유가증권, 골프 회원권이나 리조트 회원권, 부동산 등은 없는가? 이러한 회사경영에 직접 필요하지 않은 자산은 매각하자. 그리고 매각에 의해 얻을 수 있는 현금을 운용자금이나 차입금의 상환에 사용한다.

또 보험을 재검토해 보자. 보험은 만기보험의 지불 유무에 의해 만기 환급금이 없는 보험(만기보험의 지불이 없는 것)과 저축성 보험(만기보험의 지불이 있는 것)으로 나눌 수 있다. 양로보험 등의 저축성 보험에 가입한 경우에는, 대차대조표에 보험 적립금 등의 과목으로 자산이 계상되고 있을 것이다.

보험은 만기 환급금이 없는 보험으로 충분하다

생명보험 등은 아는 사람의 권유로 가입하는 일이 많아 대부분의 사람은 보험 내용이나 약관까지는 이해하고 있지 않다. 그 때문에 불필요한 보험료를 지불하는 경우도 적지 않다.

보험 적립금이 회사를 경영해 가는 데에 있어서 정말로 필요한지 검토해 보자. 실제로는 경영자의 퇴직금을 준비하기 위해서라든지 결산대책을 위해서라는 경우를 제외하고는 필요가 없을 것이다. 보험에 가입하는 목적이 그 본래의 목적인 '만일에 대비한다'는 것이라면 만기 환급금이 없는 보험으로 충분한다.

필요하지도 않은데 저축성 보험에 가입하고 있다면 즉각 해약을 검토해야 한다. 그러나 보험에 가입한 시기에 따라서는 해약 반려금에 대한 유리함이나 불리함이 있을 터이므로 해약 시기에 대해서는 보험 회사와 상담해 보자.

자금조달에 능숙해져라

회사에 있어서 자금의 흐름은 인간으로 말하면 혈액의 흐름이다. 혈액의 흐름이 막히면 병이 들고, 치료가 늦으면 죽음에 이른다.

경영은 자금조달에서 시작하여 자금조달로 끝난다

기업경영은 자금조달에서 시작하여 자금조달로 끝난다고 한다.

회사를 일으켜 사업을 시작하려면 돈을 모으지 않으면 안 된다. 또 회사가 성장하고 있을 때에는 사외로부터 많은 자금을 조달해 오게 된다. 만약 자금조달이 막히면 '부도'가 나고 회사는 도산한다.

회사에 있어서 자금의 흐름(현금흐름)은 인간으로 비유하면 혈액의 흐름에 해당된다. 혈액의 흐름이 막히면 병이 들고 최후에는 죽음에 이른다. 그것과 똑같이 회사의 자금 흐름이 막히면 여러 가지 문제가 발생하여 최후에는 도산에 이르게 된다.

자금조달은 회사의 건강관리

자금조달이 힘들어지면 그 소중함을 뼈저리게 느끼게 된다. 그러나 자금조달에 여유가 있는 상태에서는 그 소중함을 좀처럼 모른다. 그것은 바로 인간이 병들고 나서 처음으로 건강의 소중함을 잘 알게 되는 것과 똑같은 일이다. 병이 들게 되면 간단히 회복할 수 없고 치료가 늦으면 돌이킬 수 없게 되기도 한다.

따라서 평소부터 건강관리, 즉 능숙한 자금조달을 실시하는 것이 무엇보다도 중요하다. 능숙한 자금조달에 의해 자금 쇼트(short, 부족)를 막아 관계자에게 폐를 끼치는 일 없이 회사가 성장하기 위한 자금을 조달하고 운용한다.

자금조달표의 작성은 기본 중의 기본

자금조달을 능숙하게 행하기 위해서는 자금조달표를 작성할 필요가 있다. 자금조달표는 돈이 얼마 들어오고 나가는지 예상하여 일람표로 집계한 것이다.

즉 자금조달표란 입금과 출금의 예정표이다. 자금조달표의 형식에 특별히 정해진 바가 있는 것은 아니다. 자신의 회사에 있는 양식으로 사용하기 쉽게 만들면 된다.

덧붙여 말하면, 일반 중소기업에서 사용되는 전형적인 자금조달표의 형식은 '전월 이월', '수입', '지출', '차감 과부족', '재무 수지', '차월 이월'의 여섯 가지 구분의 자금조달표이다. 항목에 대해서는 자신의 회사에 맞는 것을 재정리하여 사용하자.

자금조달표를 만들면 매달의 돈은 충분한지, 어음 할인을 해야 하는지, 신규로 차입을 해야 하는지를 잘 알 수 있다. 또 외상대금의 회수가 지연되고 있다는 것 등도 곧바로 알고, 여러 경비 중에서 절약할 수 있는 것은 없는가, 지불을 늘릴 수 있는 것은 없는가 하는 바를 검토하는 계기가 되기도 한다.

42

자금조달은 대차대조표로부터 생각하라

자금조달표만으로 자금조달을 생각하고 있으면 빚으로부터 헤어날 수 없다. 대차대조표 속에서 자금을 변통하는 습관을 붙여야 한다.

자금조달표만으로 자금조달은 할 수 없다

자금조달표를 만들면 자금의 과부족을 잘 알 수 있다. 그러나 회사의 자금조달을 자금조달표만으로 생각하는 것은 위험하다. 왜냐하면 자금조달표의 항목만으로 변통하려고 하면 자금이 부족한 경우에는 어음을 할인하든가 차입을 하지 않으면 안 된다.

이것을 가지고는 돈이 부족하기 때문에 또 돈을 빌려 오는 습관으로부터 빠져 나가지 못하여 회사는 아무리 시간이 흘러도 돈을 벌지 못한다. 빌려 온 돈에는 이자가 나간다. 이자를 지불하면 그만큼 회사의 벌이는 줄어들고 만다.

외상대금이나 재고를 줄이고 자금을 만든다

그래서 안이한 차입을 하지 말고 자금조달을 개선하기 위해서는 자금조달표가 아니라 대차대조표로부터 자금조달을 생각하는 습관을 붙이자.

자금은 우선 대차대조표의 자본의 부(部) 항목에서 조달할 것을 생각하지 않으면 안 된다. 자금은 이익으로부터 만들어 내는 것이 기본이다. 대차대조표의 자본의 부에는 당기 이익이 계상되고 있으므로 자금은 여기서부터 만들어야 한다는 사고방식을 몸에 익혀야 한다. 또 설비자금이 필요한 경우에는 증자에 의해 만든다.

만일 자금이 부족한 경우는 대차대조표의 자산의 부를 보자. 거기에 계상된 매상 채권이나 재고를 줄이거나 불필요한 자산을 처분하여 자금을 만듦으로서 자금조달을 개선할 수 있다.

외상 매입금이나 미불금의 지불을 변통한다

또 대차대조표의 부채의 부에 계산된 외상 매입금이나 미 불금의 지불을 변통하거나 비용을 삭감함으로써 자금의 유 출을 억제하는 것도 중요하다.

돈이 부족하기 때문에 그렇다고 안이하게 차입을 생각할 것이 아니라 우선은 대차대조표 속에서 변통할 수 없는지 어떤지 생각하는 습관을 붙이자. 차입을 해도 좋은 때란 그 렇게 해도 변통이 되지 않을 때만이다.

 ## 대차대조표로부터 자금조달을 생각한다

과 목	금 액	과 목	금 액
(자산의 부)		(부채의 부)	
유통자금	××××	유동부채	××××
현금예금	×××	지불어음	××××
인수어음	×××	외상매입금	×××
외상판매금	×××	단기차입금	××××
유가증권	×××	기타	×××
재고정리 자산	××××	고정부채	×××
기타	×××	장기차입금	×××
미회수 충당금	×××	퇴직급여	×
고정자산	××××	**부채합계**	××××
유형고정자산	××××	(주주자본의 부)	
무형고정자산	×	자본금	×××
투자 등	×××	법정준비금	×××
		잉여당기말 처분이익	×××
		자본합계	××××
자산합계	××××	**부채 · 자본합계**	××××

1 자금은 이익으로부터 만드는 것이 기본이다.

2 매상채권, 재고 줄이기, 필요 없는 자산의 처분으로 자금을 만든다.

3 외상 매입금, 미불금 등을 변통하여 자산을 확보한다.

● Key Point ●

인재 육성·
활용 편

14가지의 아이디어를 활용하자!

인재 육성 · 활용 편

43

의욕은 상실시키지 말고 인건비를 줄여라

사람은 회사에 꼭 필요한 요소이지만 동시에 인건비는 가장 비싼 비용이기도 하다. 노동의 효율을 높이면서 인건비를 줄여야 한다.

인건비는 기업에 있어서 가장 비싼 비용

"기업은 사람이다", "기업은 사람·물건·돈" 등으로 말한다. 확실히 사람이 없으면 기업 자체가 존재할 수 없다. 사람은 기업에 있어서 꼭 필요한 요소이고 당연히 인건비가 발생하지만 한편으로 그 인건비는 기업이 부담하는 비용으로서도 가장 높은 것임은 사실이다. 사람의 중요성과 인건비의 부담은 뗄래야 뗄 수 없는 한몸이다.

인건비에는 매달 지불하는 월급과 상여금뿐만 아니라, 사회보험료 등의 법정 복리비, 복리 후생비, 퇴직급여 비용도 포함되어 있다. 자신의 회사의 판매 및 일반 관리비 중에서 혹은 제조원가 중에서 인건비가 얼마만큼의 비율을 차지하고 있는지 계산해 보자. 또 1인당의 인건비를 계산해 보자. 생각했던 것보다 큰 금액이 될 것이다. 사람에게 드는 비용은 매달 지불하는 월급만이 아니다.

회사가 돈을 벌기 위해서는 가장 먼저 얼마나 노동의 효율을 높이는가 하는 점이 중요하다. 사람에게는 비싼 비용이 들기 때문에 모든 사원이 완전히 가동되지 않으면 안 된다.

다음으로 인건비를 가능한 한 삭감하지 않으면 안 된다. 그것도 사원의 의욕을 유지하면서 인건비를 삭감해야 한다.

관리나 평가 등을 어렵게 하고 인건비만을 삭감하면 사원의 불만이 커져서 의욕이 저하될 뿐이므로 동시에 의욕적으로 일을 할 수 있는 노동 환경을 정비할 필요가 있다.

 # 인재 활용이 회사의 명암을 나눈다

노무관리의 세 가지 포인트

1 노동효율을 높인다
사람에게 드는 비용을 최대로 살리기 위해 모든 사원이 전적으로
활동하고 있지 않으면 안 된다.

2 인건비를 삭감한다
회사에 있어서 큰 비용인 인건비를 가능한 한 삭감한다.

3 노동 환경을 정비한다
사원의 의욕을 높이기 위해 일하기 쉬운 환경을 만든다.

사람의 중요성과 인건비의 부담은 뗄래야 뗄 수 없는 상태. 노동의
효율을 높이면서 인건비를 삭감하는 것이 최대의 과제가 된다.

44

사원의
의욕을 이끌어 내라

얼마나 사원의 의욕을 이끌어 내는가가 과제이다. 각각의 사원에 맞는 기준이나 방법으로 동기를 부여할 필요가 있다.

무엇에 동기부여인지는 사람에 따라 다르다

아무리 뛰어난 인재가 모여 있어도 그 한 사람 한 사람의 의욕을 이끌어 내지 못하고 그들이 제대로 일해 주지 않는다면 회사는 돈을 벌지 못한다. 사원의 의욕을 이끌어 낸다, 즉 동기부여를 하려면 어떻게 하면 좋은지, 지금까지 많은 학자나 경영자가 생각하고 실천해 왔다.

고전적인 것으로 '메이요' 와 '레스리스버거' 가 시카고의 '웨스턴 일렉트릭사' 의 호슨공장에서 실시한 실험 결과를 기초로 제창한 인간관계론이 있다. 인간의 행동이 감정에 좌우되어 직장 내 인간관계가 의욕에 큰 영향을 준다는 내용이다.

그리고 유명한 것이 '매슬로의 욕구 5단계설' 이라고 하는 동기부여의 이론이다. 고도 성장기에는 승급이나 승격이 큰 동기부여가 되었지만 현재와 같이 성숙하여 가치관이 다양화한 사회에서는 모든 사원을 하나의 기준으로 동기부여 하기는 어렵다고 생각된다. 또 사원의 위치에 따라서도 무엇이 동기부여인가는 달라진다. 임원이나 관리직이면 회사를 위해서라는 마음도 있지만 일반사원에게는 자신을 위해서 일한다는 의식이 강할 것이다.

그래서 우선 개개의 사원을 관찰하여 어떠한 일에 의해 동기부여가 되는지 파악하고 각자에게 맞는 기준이나 방법으로 동기부여를 할 필요가 있다. 사람은 누구라도 자신의 능력을 높이고 자신의 힘을 발휘하고 싶어한다.

매슬로의 욕구 5단계설이란?

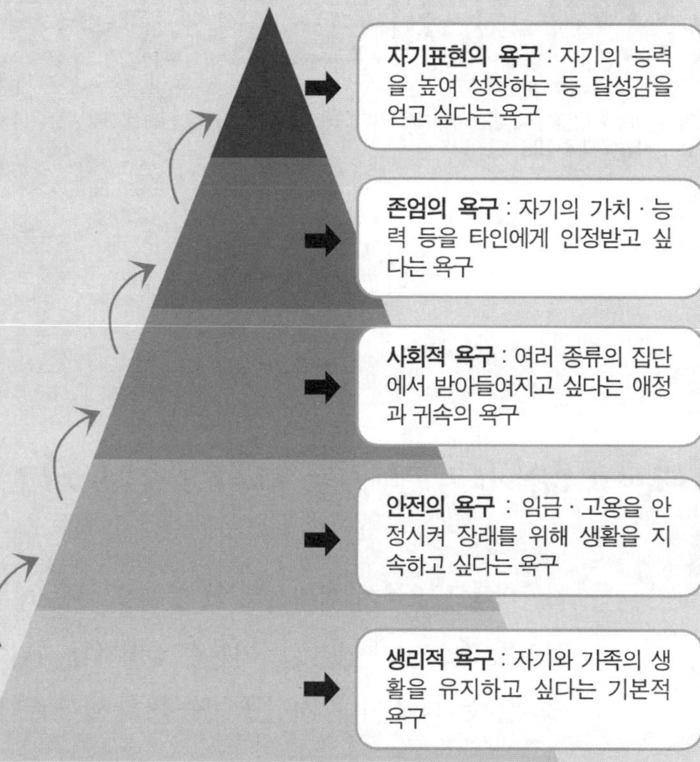

※ 낮은 계층에 있는 욕구가 어느 정도 충족되면, 다음의 계층에 있는 욕구를 충족시키려는 마음이 강해진다.

사원의 욕구가 어떤 것인지 이해하여 그 욕구를 만족시킬 수 있는 일이나 목표를 줌으로써 사원의 의욕과 만족감을 높일 수 있다.

45

사원과의 신뢰관계를 만들어라

사원의 의욕을 이끌어 내려면 사원과의 커뮤니케이션을 심화하여 신뢰관계를 만들어야 한다.
우선은 사원에게 관심을 갖는 일부터 시작하자.

사원에 대해서 관심을 가지고 있을까?

인재를 활용하기 위해서는 그 인재를 아는 데서부터 시작하지 않으면 안 된다. 그 기본은 경영자가 사원에게 관심을 가지는 데에 있다. 사원을 가능한 한 알아 두면 좋을 것이다.

물론 누구라도 타인이 파고들면 좋아하지 않는 개인적인 영역은 있지만 경영자가 자신에게 관심을 가져 주는 것을 기뻐하지 않는 사원은 없을 것이다. 고용주와 피고용인이라는 관계 이전에 한 명의 인간과 인간이라고 하는 대등한 관계를 쌓자.

다음으로 직무 면에서의 커뮤니케이션에 대하여 생각해 보자. 단순히 지시나 명령을 하고 보고만 하는 일방통행의 전달은 커뮤니케이션이라고 할 수 없다. 중요한 것은 쌍방향의 교환을 하는 일이다. 일상적인 커뮤니케이션이 없으면 사내에 문제가 일어나고 있어도 그 발견이 늦어지게 된다. 평소부터 커뮤니케이션이 잘 이루어지고 있으면 문제가 일어났을 때 신속한 대응책을 취할 수 있다.

사원과의 커뮤니케이션 양이나 횟수를 늘려 내용이 깊어지면 신뢰관계가 완성되어 의욕을 이끌어 낼 수 있을 것이다.

46

보고 · 연락 · 상담을 재검토하라

직장에서 양호한 인간관계를 쌓아 올려 일의 효율을 높이려면 보고 · 연락 · 상담을 빠뜨릴 수 없다. 그 중요성을 다시 한 번 검토하자.

보고 · 연락 · 상담은 일의 기본

보고 · 연락 · 상담이란 말할 필요도 없이 일의 기본 중의 기본이다. "보고 · 연락 · 상담을 잘하면 회사가 강해진다"고 하는데, 보고 · 연락 · 상담의 진정한 의미와 목적을 이해하여 행하고 있는 회사는 적은 것 같다.

회사의 일은 혼자서 하는 것이 아니다. 사원은 목표를 향하여 몇 명이 팀을 짜서 일을 한다. 그 때문에 일의 효율을 높이기 위해서는 직장에서의 양호한 인간관계가 필요하다. 팀워크를 좋게 하여 양호한 인간관계를 쌓아 올리기 위해서는 '보고 · 연락 · 상담'이 필요하다.

그런데 사람은 누구나 정보를 숨기려고 한다. 특히 자신에게 있어서 사정이 좋지 않은 정보를 숨기려고 하는 경향이 있다.

사원은 자신의 업무상의 잘못이나 문제를 은폐하고 싶어하고 경영자는 회사의 실적이라든지, 실적에 나쁜 영향을 주는 사실을 숨기려고 한다. 그러나 나쁜 정보일수록 재빨리 전달하여 적절한 대응을 취하지 않으면 안 된다.

좋은 정보도 나쁜 정보도 모든 사원이 공유화함으로써 조직의 기능은 높아진다.

능숙하게
칭찬하라, 꾸짖어라

보수나 월급에 의한 동기부여는 비싼 비용이 든다. 그러나 칭찬하거나 꾸짖는 것은 비용을 들이지 않고도 유효한 동기부여의 수법이 된다.

'칭찬한다'와 '꾸짖는다'는 자동차의 바퀴와 같다

월급을 올리면 사원의 의욕이 높아지는 것은 확실하다. 그러나 보수라든지 월급에 의한 동기부여는 대단히 비싼 비용이 든다. 그래서 비용을 들이지 않고도 가능한 동기부여로서 '칭찬한다'를 추천한다.

인간은 칭찬 받으면 기뻐서 의욕이 나는 법이다. 많은 사람들이 평상시의 비즈니스나 생활 속에서 별로 칭찬을 하지 않기 때문에 칭찬한다고 하면 과장되게 생각하여 긴장할지도 모른다. 그러나 어렵게 생각할 것 없이 사원의 장점을 한

마디로 표현하면 된다.

그런데 '꾸짖는 것' 은 '칭찬하는 것' 과는 전적으로 반대이며 서로 양립할 수 없는 것처럼도 보이지만, 양자는 겉과 속, 혹은 자동차의 바퀴와 같은 관계여서 떼어서 생각할 수는 없다. '꾸짖는다' 와 '칭찬한다' 를 구분하여 사용함으로써 사람은 성장하며 귀중한 인재가 되어 간다.

그렇다고 해도 능숙하게 꾸짖는 일은 간단한 게 아니다. 서투르게 꾸짖으면 사원은 의욕을 잃고 만다. 중요한 점은 상대의 인격을 부정하지 말아야 하고 꾸짖은 후에는 감정을 잘 다독여주고 개선책을 함께 생각해야 한다.

 # 능숙하게 칭찬하는 방법, 꾸짖는 방법

능숙하게 칭찬하기 위해서

* 그 자리에서 칭찬한다.
* 좋은 일을 하자마자 칭찬한다.
* 인간성을 칭찬한다.
* "고마워", "수고했어"의 한마디라도 좋다.
* 평소부터 사원의 장점을 찾아내고 인정한다.

능숙하게 꾸짖기 위해서

* 평상시는 칭찬한다.
* 상대의 변명과 반성을 듣는다.
* 짧고 뒤탈 없이 꾸짖는다.
* 남 앞에서 창피를 주지 않는다.
* 사람을 꾸짖는 것이 아니라 결과를 꾸짖는다.
* 인격을 부정해서는 안 된다.

> 칭찬하는 방법, 꾸짖는 방법 하나로 사원은 의욕을 내거나 잃거나 한다.
> '칭찬한다', '꾸짖는다'는 유효한 매니지먼트 수법 중의 하나이다.

사람을 활용하는 인사제도를 만들어라

경영환경의 변화와 함께 인사제도도 변화해야 한다. 시대의 변화에 대응하고 있는지, 경영 비전에 맞는지 인사제도를 재검토하자.

인사제도 구축의 포인트는?

기업은 사람이라고도 한다. 회사가 돈을 버는가 아닌가는 회사에 어떤 인재가 있고, 그 인재를 얼마나 활용하느냐에 달려 있다. 이 인재를 활용하여 회사의 비전·목표를 향하게 하는 구조가 인사제도라 할 수 있다. 기업의 경영환경이 바뀌면 필연적으로 평가제도·임금제도·교육제도 등의 인사제도도 바뀌지 않을 수 없다. 거품경제 붕괴 이후, 연공서열이나 종신고용 등의 전통적인 제도가 전환기를 맞이하고 있을 때에 언제까지나 종래형의 인사제도를 계속하고 있으면 사람을 활용할 수 없고 머지않아 인재는 고갈되게 된다.

인사제도를 구축할 때 중요한 일은 회사의 경영이념·비전에 적합할 것, 경영목표를 달성하기 위해 가장 도움이 되는 제도가 되어 있을 것 등이다. 경영이념·비전과 모순되는 인사제도를 가지고는 사원으로부터 버림 받고, 단순히 유행이라 채용하는 제도는 경영목표를 달성할 수 없게 된다.

어떠한 인사제도가 자신의 회사에 가장 적합한가?

인사제도 만들기에는 사원의 협력과 이해를 빠뜨릴 수 없다. 또 시대의 변화에 대응하고 있는지 항상 제도의 내용을 재검토할 필요가 있다.

자사에 있어 좋은 인사제도가 있으면 사원에게 동기부여를 할 수 있고, 회사에 필요한 인재를 길러 정착시킬 수도 있다.

 ## 인재를 살릴 수 있는 인사제도란?

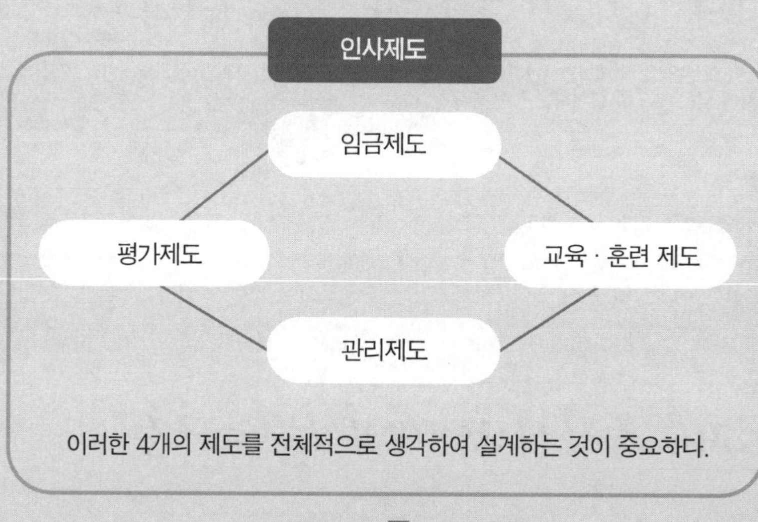

☑ 경영이념, 경영비전과 합치하고 있을까?

☑ 시대의 변화에 대응하고 있을까?

☑ 사원의 의욕을 이끌어 낼 수 있을까?

돈을 벌고 있는 회사는 인재활용이 능숙하다. 인재를 살리는 인사제도가 되어 있는지 재검토해 보자.

49

성과주의의
급여제도를 도입하라

인건비의 총액을 억제하면서 사원의 의욕을 이끌어 내기 위한 구조가 성과주의이다. 자신의 회사에 맞은 제도를 설계하는 것이 중요하다.

성과를 올린 사람에게 보답하는 구조

인사·임금제도의 최대의 과제는 얼마나 인건비를 억제하면서 사원의 의욕을 이끌어 내는가 하는 것이다. 그것을 위해 도입되고 있는 것이 성과주의 임금제도이다.

급여를 결정하는 3대 요소로서 ① 종업원의 개인적 속성(학력, 근속연수, 연령 등)과 능력, ② 종업원이 행하는 직무내용, ③ 종업원의 직무수행의 성과(결과, 실적)가 있다. 이 중 ③의 성과에 중점을 두고 급여를 결정하는 것이 성과주의 급여제도이다.

오늘과 같이 어려운 경영환경 아래에서는 인건비의 총액을 줄이지 않을 수 없다. 그래서 성과를 올린 사람에게는 많게, 성과를 올리지 못한 사람에게는 적게 배분한다는 것이다.

성과주의 급여제도라고 해도 그 내용은 업종이나 직종 등에 따라 회사마다 다양하다.

가령, '래커 플랜'이라고 불리는 성과 배분 방법은 노동 분배율(부가 가치액에서 차지하는 인건비의 비율)을 일정한 수준으로 설정하고, 인건비의 총액을 '부가 가치액×노동 분배율'로 하는 방식이다(p. 172 그림 참조). 부가 가치액이 증가하면 급여가 증가하므로 사원의 의욕을 이끌어 낼 수 있다.

또 노동 분배율이 일정하므로 인건비의 팽창도 억제할 수 있다.

연봉제도 성과주의 임금제도의 하나이다. 연봉제도 총액 연봉제와 부분적으로 연봉제를 도입한 것으로 나누어지고 간부나 전문 기술자에 한해서 도입할 수도 있다.

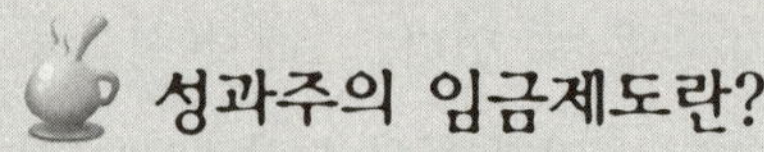

성과주의 임금제도란?

● **급여를 결정하는 3대 요소**

1 개인적 속성과 능력 ⋯⋯→ 연공급(학력, 근속연수, 연령 등에 의해 정해진다)

⋯⋯→ 직능급(직능 자격에 의해서 정해진다)

2 직무 수행의 성과 ⋯→ 직무급

3 직무 수행의 성과 ⋯→ 성과급

예 1) 래커 플랜

인건비 총액 = 부가 가치액 [※ 1)] × 노동 분배율 [※ 2)]

부가 가치액이 증가하면 인건비 총액은 증가하지만, 노동 분배율은 일정하므로 증가 비율도 관리할 수 있다.

※ 1) 부가 가치액 = 매상 − 외부 구입 가치
※ 2) 노동 분배율 = 인건비 ÷ 부가 가치액

예 2) 연봉제

급여를 연단위로 결정하는 제도. 1년간의 사원의 성과·실적을 평가하여 그 결과에 근거해서 급여의 전액을 결정한다.

> 성과주의라고 한마디로 말해도 다양한 구조가 있으므로 자신의 회사에 맞는 것을 설계하자.

다면적 평가제도를 도입하라

다면적 평가제도란 상사뿐만 아니라 부하나 동료 등에 의한 평가도 실시하는 것이다. 평가의 공평성을 기대할 수 있어 본인도 더 잘 납득할 수 있다.

사원의 능력 육성에도 효과적

많은 기업에서 일반적으로 행해지고 있는 인사고과는 사장이 사원을, 상사가 부하를 평가하는 것이다. 조직의 규모나 일의 내용에 따라서는 한 명의 부하를 복수의 상사가 평가하기도 하는데, 그런데도 위가 아래를 평가한다는 것에는 다르지 않다.

그러나 이런 방법을 가지고서는 주관적 평가가 되어 평가받은 본인이 납득하지 못하고 의욕을 잃게 될 수도 있다. 특히 성과주의적 임금제도의 도입을 생각한다면 공정하고 객관적인 평가가 요구된다.

그래서 검토하고 싶은 것이 다면적 평가제도이다. 이것은 직속상사로부터의 평가뿐만 아니라 자기 평가[스스로 자신의 실적을 평가함으로써 다른 사람의 평가와의 갭(gap)을 인식할 수 있다], 동료에 의한 평가(팀의 일원이라는 시점으로부터 평가할 수 있다), 부하·후배에 의한 평가(리더십을 평가하는데 도움이 된다), 사외 사람에 의한 평가(가령, 음식업 등에서 '고객 앙케이트'라는 형태로 행해지고 있는 것) 등에 의해 다면적으로 사원의 실적이나 능력을 평가하고자 하는 것이다.

다면적 평가에 의해 평가의 객관성을 기대할 수 있고 본인도 더 잘 납득할 수 있게 된다. 당연히 평가의 결과는 본인에게 피드백(feedback)되기 때문에 앞으로의 개선점이나 과제가 밝혀짐과 동시에 사원 육성에도 도움이 된다.

 ## 다면적 평가제도의 구조는?

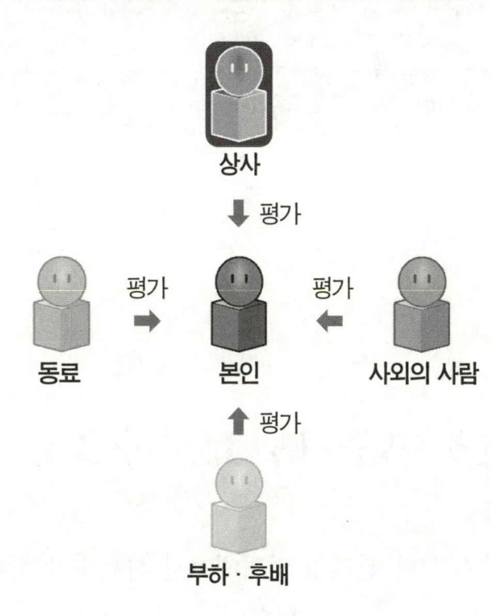

다면적으로 평가됨으로써 객관적인 평가를 기대할 수 있다. 성과주의의 임금제도를 도입한다면 꼭 검토해야 한다.

자유로운 노동환경을 만들어라

평가나 관리를 엄격하게 하면 사원의 불만은 높아진다. 그래서 자유도를 높인 노동환경을 정비하여 사원의 의욕을 이끌어 낼 필요가 있다.

여성사원을 활용하는 것도 중요

평가나 관리가 엄격해져서 사원수가 줄어들면 사원의 불만이 높아질 뿐이다. 그래서 사원의 노동의욕을 이끌어 냄과 동시에 의욕적으로 일을 할 수 있는 자유로운 노동조건이나 제도를 정비하고 지원할 필요가 생긴다.

가령, '가점주의의 평가제도', '사내 인재 공모 제도', '플렉스 타임 제도', '여성사원의 활용 강화', '카페테리아 플랜', '조기퇴직 우대제도' 등 노동의 자유도를 높인 제도의 도입을 검토해 보자.

특히 인재를 모으기 힘든 작은 회사에서는 여성사원의 활용 강화에 주목해야 한다.

여성을 활용하기 위해서는 남녀의 고정적인 역할의식이나 과거의 경위에 사로잡히지 않는 것이 중요하다. 예를 들면, 영업직에 있어서의 여성사원의 활용이다. 영업직이라고 하면 남성사원이라는 이미지가 있는데 여성 쪽이 이야기가 능숙하다든지, 손님을 대하기가 좋다는 등 영업직에 알맞은 면도 있다. 생명보험 영업의 상당수가 여성에 의해 행하여지고 있다는 사실을 상기해 보자.

여성사원의 활용은 남성사원에게 자극도 되고 사원 한 사람 한 사람의 능력을 최대한으로 발휘하는 계기도 된다.

 자유로운 노동 환경을 만드는 제도

제도명	구조와 특징
플렉스 타임 제도	일정기간을 평균하여, 1주일간의 총노동시간이 법정 노동시간 이하가 되도록 정해 두어, 그 범위 안에서 사원 자신이 각자의 직무개시 및 직무종료 시각을 선택하여 노동하는 제도. 노동시간의 양, 출근시간이나 퇴근시간을 자유롭게 선택할 수 있으므로 사원은 일과 생활의 조절을 할 수 있어 일하기 쉬워지며, 회사도 일의 효율화를 기대할 수 있다.
재량 노동 제도	노사협정으로 1일당의 노동시간을 정하여, 그 시간에 대해서는 일한 것으로 간주하는 제도. 출근시간이나 근무시간을 각자가 결정할 수 있게 되어 일의 자주성, 프로의식이 높아진다. 현재는 연구개발직이나 디자이너뿐만 아니라 사무직에도 도입할 수 있게 되었다.
카페테리아 플랜	사원에게 일정기간의 복리후생 제도를 이용할 수 있는 포인트를 부여하여 개개인에게 자유롭게 메뉴를 선택하게 하고, 포인트 범위 안에서 기업이 비용을 부담하고 사원은 이용할 때마다 포인트가 소비되는 구조. 사원은 이용하는 제도를 자유롭게 선택할 수 있고 회사는 불필요한 제도의 폐지, 공평한 급료 부여, 비용 삭감 등의 메리트가 있다. 아웃소싱을 활용하여 도입할 수 있다.
사내 인재 공모 제도	'인재를 필요로 하는 일' 을 공표하여, 이 일에 종사하기를 희망하는 사원을 사내에서 모집하는 구조. 조직의 활성화, 능력개발, 근로 의욕의 향상 등의 효과를 기대할 수 있다.

소수정예주의에 철저하라

돈을 버는 회사는 적은 사원으로 큰 이익을 얻고 있다. 소수정예 주의를 실현하면 사원 개개인에게 높은 임금을 지불할 수도 있다.

퇴직자가 나왔을 때는 업무개선의 찬스

현재와 같이 불황이 길어질 때에는 소수정예주의의 중요성이 높아진다. 회사가 이익을 내어 사원에 대해 높은 임금을 지불하기 위해서는 사원 1인당의 이익금이나 매상을 늘리는 것이 중요하다. 우선은 이것을 사원에게 제대로 인식시키지 않으면 안 된다.

소수정예주의라고 해도 지금 있는 인원을 간단하게 해고할 수는 없다. 그래서 퇴직자가 나왔을 때에는 안이하게 사람을 채용하지 않도록 하는 것이 중요하다. 우선 지금 있는 인원으로 작업을 해내는 궁리를 해보자. 경영자로서는 인원

보충을 하지 않고서 해결하고 싶어도 현장에서는 작업을 해 낼 수 없다고 하여 인원 보충의 강한 요구가 나온다.

그러나 사람이 줄어들었을 때는 종래의 업무나 작업을 개선할 수 있는 기회라고 생각하자. 지금까지 해온 작업에 무리한 점은 없었는지, 손해 나는 일은 없었는지, 사원들이 의욕이 없지는 않은지 철저하게 재조사해 보자. 작업 효율을 개선함으로써 인원을 보충하지 않아도 되는 경우도 많다.

만일 필요한 작업이 있는 경우는 외주(外注)를 한다든가, 정규직이 아니라 파트타임·아르바이트로 해내는 방법도 생각해 보자.

신규 채용은 경력자로 한정하라

53

경력자이면 관련 지식이나 경험이 풍부하고 연수 기간이나 비용도 그만큼 필요하지 않다. 채용은 경험자로 한정해야 한다.

안이하게 신입 사원을 모집해서는 안 된다

매상의 성장을 기대할 수 없는 경영환경하에서는 사원의 신규 채용은 가능한 한 억제하고, 파트타임·아르바이트로 해결하는 방법이 필요하다. 만일 정규직 사원이 필요할 때에는 바로 실무에 투입할 수 있는 경력자의 채용에 한정해야 한다.

작은 회사에서는 신규 대졸자나 미경험자를 채용하여 연수하는 여유가 있을 리 없다. 신규 대졸자를 채용하여 초보부터 가르쳐서 한 사람 몫을 해내는 인재로 길러낼 때까지는 직종에 따라서도 다르지만 최소한 6개월, 길면 2~3년은 걸린다. 그 사이에 본인에게 지불하는 월급, 교육에 드는 경비 등은 대단한 금액이다.

게다가 모처럼 비용을 들여 교육한 신입 사원이 1년도 안 되어서 퇴직하는 경우도 적지 않다. 이래서는 투자한 비용이 완전한 허비가 된다.

신입 사원이 그만두는 주된 이유 중의 하나는, 입사 전에 생각하고 있었던 직무 내용과 실제의 직무 내용이 다르다는 데에 있는 듯 하다. 경력자를 채용한다면 이런 일은 거의 없을 것이다.

54

계약직 사원을 활용하라

계약직 사원이라면, 계약기간이 종료되면 계속 고용할 필요는 없다. 반대로 필요한 인재라면 계약을 갱신할 수도 있다.

정규직을 계약직으로 전환하는 일도 검토하라

전문직에 종사하는 사람을 필요로 할 경우에는 계약직으로 채용하면 좋을 것이다. 계약직 사원이란 기간을 정한 계약에 근거해서 고용되어 정규직 사원과 동등한 노동시간을 근무하는 사람을 말한다.

정규직 사원은 일단 채용하면 쉽게 해고할 수 없다. 그러나 계약직 사원이라면 계약기간이 종료되면 계속해 고용할 필요도 없고 반대로 계약을 갱신하는 것도 가능하다. 회사에 필요한 인재라면 정규직 사원으로 채용하는 것도 생각할 수 있다.

정규직 사원을 정리해고 할 수 없는 경우에는 정규직에서 계약직으로 바꾸는 것도 생각할 수 있다. 물론 이 경우에는 본인의 동의가 필요한데 본인의 개별동의를 얻은 다음 정규직으로서의 계약을 종료하고 새로이 계약직으로서의 계약을 체결한다.

덧붙여 말하면, 계약직은 시간 외 할증 수당의 지불 대상이 되고, 정규직과 같은 일을 하고 있음에도 불구하고 정규직 사원과 월급에서 차이가 나면 동일 노동, 동일 임금의 원칙에 위반될 우려가 있으므로 주의하자.

파트타임 · 아르바이트에 맡겨라

인건비를 억제하여 일정한 업무 수준을 유지하기 위해서는 아르바이트나 파트타임을 얼마나 활용하느냐 하는 점이 중요해진다.

정규직과 파트타임을 차별하지 않을 것

파트타임 · 아르바이트를 활용하면 인건비를 억제할 수 있고 정규직에 비하면 고용조정도 용이해진다. 외식산업 등에서는 파트타임 · 아르바이트를 얼마나 능숙하게 활용하느냐 하는 것이 회사 경영의 포인트가 되어 있다고 해도 과언이 아니다.

또 현재는 정규직이 담당해 왔던 작업을 파트타임에 맡기는 회사도 적지 않다. 파트타임 사원의 비율이 높아져 비교적 중요한 직무까지 맡기게 되면 파트타임 사원의 생산성을 올리고 의욕을 이끌어 내기 위한 궁리가 필요해진다.

그것을 위해서는 우선 파트타임 사원을 정규직 사원과 차별하지 않는 것이 중요하다. 복리후생이나 사원연수 등을 정규직 사원과 같이 받게 하면 좋을 것이다. 다음으로 적절한 급료를 지불하여 승급·승격을 실시하는 것이다. 일을 잘하는 파트타임 사원의 시간급은 올리고, 리더십이 있는 파트타임 사원에게는 직급을 주는 것을 생각할 수 있다. 그 외에 파트타임 사원에게도 책임과 권한을 부여하여 공정한 평가를 하는 것 등이 중요하다.

56

스톡옵션 제도를 도입하라

스톡옵션 제도를 도입하면 주식 공개에 의해 사원은 큰 보수를 얻을 수 있다. 공개를 목표로
하는 기업에서는 스톡옵션 제도의 도입을 검토하자.

유능한 인재를 확보하는 수단이 되기도 한다

장래, 주식공개를 목표로 하는 회사는 스톡옵션 제도의
도입을 검토하자.

스톡옵션 제도란 회사가 자사의 임원, 또는 사원에 대해
서 미리 정해진 가격(권리행사 가격)으로 소정 기간 안에 자
사주식을 구입할 수 있는 권리를 부여하는 제도를 말한다.

스톡옵션이 부여된 사람은 권리행사 기간 안에 자사의 주
가가 권리행사 가격보다 상승하면 옵션을 행사하여 자사주
식을 구입하고 그 주식을 시장에 매각함으로써 이익을 얻을
수 있다.

회사의 실적이 향상되면서 주식 공개가 실현되어 주가가 오르면 오를수록 큰 보수가 되므로 회사의 목표와 사원 개인의 목표가 일치하여 노동의욕이 높아진다. 또 유능한 인재를 확보하여 고정화하기 위한 유력한 수단이 된다.

덧붙여 스톡옵션 제도에는 회사가 보유하는 자기 주식을 구입할 수 있는 권리를 부여하는 자기 주식 양도 방식과 회사가 발행하는 신주식을 구입할 수 있는 권리를 부여하는 신주식 인수권 부여 방식이 있는데, 어느 방식에서도 주주 총회의 특별 결의 등의 절차를 밟아야 한다.

주식 공개라고 하면 지금까지는 중견 · 중소기업에는 무관하다고 생각되었지만 벤처기업 전용의 새로운 시장이 개설되어 중소기업에도 주식 공개의 길이 열리고 있다.

 ## 스톡옵션 제도의 구조는?

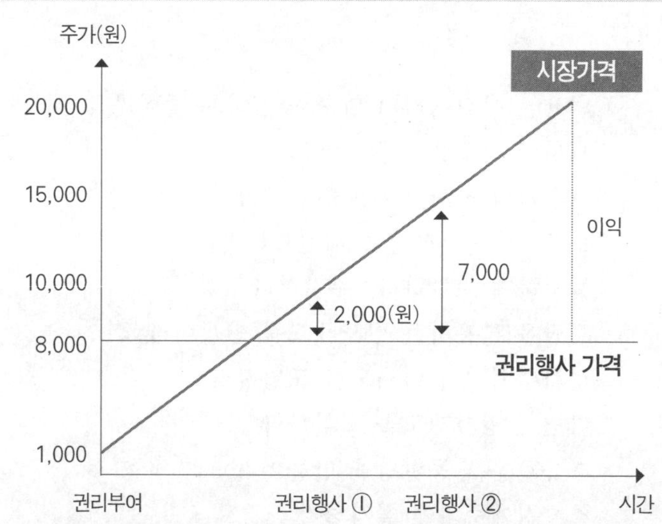

권리행사 가격이 8,000원이면 주가가 10,000원이 되었을 때 옵션을 행사하여 8,000원으로 구입하고, 이것을 매각하면 2,000원의 이익을 얻을 수 있다. 가격이 15,000원이 되면 7,000원의 이익을 얻을 수 있다.

새로운 주식시장의 등장으로 중소기업에도 주식 공개의 길이 열리고 있기 때문에 검토할 가치는 충분히 있다.

구입 · 제조 편

12가지의 아이디어를 활용하자!

CHAPTER 6

구입 · 제조 편

구입 · 제조 편

57

거래처로부터 돈벌이의 정보를 입수하라

거래처는 수많은 같은 업종의 다른 회사를 알고 있으므로 물건만을 구매할 것이 아니라 돈벌이의 정보도 얻을 수 있다.

돈을 벌고 있는 가게의 정보를 알아낸다

거래처에서는 물건만 구매할 것이 아니라 정보를 얻어내는 것도 중요하다. 소매업을 예로 생각해 보자. 소매업에서는 도매업자로부터 상품을 구매하고 있는데, 도매업자는 수백 수천의 소매업자와 거래하고 있을 것이다. 수많은 거래처에는 돈을 벌고 있는 가게도 있고, 돈을 벌지 못하는 가게도 있다.

도매업자는 당연히 어느 가게가 돈을 벌고 있는지 알고 있을 것이므로 그 가게의 정보를 알아 내자. 그리고 그 가게는 왜 돈을 벌고 있는지, 어떠한 방식을 하고 있는지 물어 보자. 만일 자기 회사와 같은 입지 조건, 같은 규모, 같은 고객층을 가진 가게의 예가 있으면 더할 나위 없이 좋다. 그리고 실제로 그 가게에 가서 확인해 보자.

또 '이 가게에서는 이런 식으로 팔면 잘되었다' 라든지, '저 가게에서는 이렇게 상품을 전시했더니 환영받았다' 등의 개별적이고 구체적인 성공사례가 있을 것이다. 이 성공사례를 물어 보자. 그대로 흉내 낼 수 있는 것은 흉내 내면 되고, 필요에 따라서 자사에 맞게끔 응용하여 도입할 수도 있다.

58

구입단가를 인하할 교섭을 하라

매입은 회사에 있어서 가장 큰 구매임에도 불구하고, 의외로 가격인하 교섭을 하지 않는다. 즉시 교섭을 시작하자.

교섭은 경영자가 한다

제조업이나 물품 판매업에서는 지불 중에서 가장 큰 비중을 차지하는 것이 구입금액이다. 구입금액은 구입단가×구입수량으로 계산된다. 구입수량에 문제가 없다고 할 때, 구입원가를 인하하려면 구입단가를 얼마나 인하하느냐가 중요하다.

수천만 원 단위의 거래를 하고 있으면서 의외로 가격인하의 교섭을 하지 않는 것이 구입단가이다. 오랜 세월에 걸쳐 거래를 하다보면 친분 관계 때문에 가격교섭도 적당히 하는 경우가 많은 듯하다.

돈을 버는 체질을 만들려면 습관적인 경영체질로부터 탈피하지 않으면 안 된다. 즉시 구입단가 인하의 교섭을 시작하자.

구입금액이 많은 순서로 거래처 리스트를 만들어 품목, 구입단가와 구입수량을 정리해 보자. 그 리스트를 바탕으로 가격인하 교섭을 하는 것이 효율적이다.

덧붙여 말하면, 교섭은 담당자보다 경영자가 해야 한다. 담당자가 하면 개인적인 사정이 개입될 수 있으므로, 경영자가 교섭함으로써 이쪽의 진지함을 전할 수 있다.

구입처는 하나로 통일하라

59

복수의 업자로부터 유사품을 구입하는 경우, 구입처를 하나로 통일함으로써 유리한 가격으로 매입할 수 없는지 검토해 보자.

구입 수량을 늘려 가격 인하 교섭

매입수량을 늘리면 단가 인하를 할 수 있는 경우도 적지 않다. 그러나 가격이 싸진다고 해서 대량매입을 하는 것은 금물이다. 대량매입은 불량재고의 근원이 되어 큰 손실로 이어진다. 불필요한 대량매입은 절대로 해서는 안 된다.

그래서 검토하고 싶은 것이 구입처의 일원화이다. 같은 원재료·상품을 몇 개의 회사로부터 구매하는 경우에는 구입처를 하나로 통일하여 구입수량을 늘리고 구입단가를 인하한다. 같은 물건이 아니어도 전체적으로 거래량을 늘림으로써 가격인하를 할 수 없는지 교섭해 보자.

　　거래업자를 한정함으로써 구입처와의 관계가 밀접해져서 가격뿐만 아니라 납기 등에 대해서도 확실히 유리한 매입을 할 수 있게 된다.

　　그렇다고는 해도 한 곳의 구입처와 오랫동안 거래하면 경쟁원리가 적용되지 않기 때문에 어느 새 타사의 거래조건 쪽이 유리해져 있는 경우도 생긴다. 또 구입처의 영향력이 강해져서 거래상황이 구입처의 형편에 좌우될 수도 있다. 그러므로 정기적으로 타사의 견적을 받아서 거래조건을 비교하는 것도 필요하다.

60

여러 업자로부터 견적을 받아라

신규거래의 견적은 여러 업자로부터 받는다. 또 기존거래에 대해서도 정기적으로 견적을 받아서 조건을 재검토해야 한다.

최소한 3사 이상의 견적을 받는다

새로운 상품 등을 구매할 경우, 경험이 없어 잘 모르는 채 가격을 결정하는 일이 있다. 매입금액의 크기를 생각하면 이것은 절대로 해서는 안 되는 일이며 우선은 세간의 시세, 시장가격을 조사할 필요가 있다.

시장가격을 조사하면 그것을 참고로 3사 이상의 업자로부터 견적서를 받도록 해야 한다. 그런 다음에 가장 유리한 조건을 제시한 업자와 거래한다.

또 실제로 거래를 시작하기까지 거래처의 실태조사를 해둔다. 실태조사 때에는 실제로 거래처를 방문하자. 현지에 가게 되면 거래처의 규모, 설비 상황, 종업원의 근무상황 등은 물론, 경영자의 협력 정도, 품질의 정도, 납기의 신뢰도 등에 대해서도 어느 정도의 심증을 얻을 수 있다.

또 계속적인 매입품목에 대해서도 정기적으로 견적서를 받도록 하자. 현재와 같이 경제환경이 어지럽게 변화하는 시대에서는 정기적으로 견적서를 통해서, 조사를 실시함으로써 거래조건을 항상 재검토하지 않으면 안 된다. 이러한 충실한 노력이 구입 비용 삭감으로 이어진다.

61

공동구매를 하라

동업자와 공동구매를 하면 매입 비용을 큰 폭으로 줄일 수 있다. 협동조합을 설립하는 등
공동구매를 하자.

수고는 들지만 효과는 크다

구입수량이 많아지면 싸게 구매할 수 있다. 또 경우에 따라서는 대기업과의 거래도 가능해져서 대폭적인 비용 삭감으로 이어지기도 한다. 그래서 검토하고 싶은 것이 동업 타사와의 공동구매이다.

공동구매에는 세 가지 방법이 있다. 첫 번째는 대표가 되는 기업을 결정하여 그 회사를 통해서 발주와 지불을 총괄하여 실시하는 방법이다. 몇 개 회사 정도의 공동구매라면, 이러한 단순한 방식으로 충분하다.

두 번째로 공동구매를 목적으로 한 협동조합을 설립하는 방법도 생각할 수 있다. 동업의 수십 개 회사가 모이면 협동조합을 설립하여 대량으로 구매를 함으로써 큰 폭으로 구입비용을 삭감할 수 있다.

세 번째로 기존의 동업자 조합을 이용하여 공동구매를 하는 방법도 생각할 수 있다.

공동구매를 하게 될 경우 협동조합의 설립이라든지, 발주하는 방법이나 공통 부분의 대금결산 방법 등에서 운영상 시간이 걸리거나 타사에 생산계획이 노출되는 등의 단점이 있을 지도 모르지만, 그것을 절충하고도 남을 정도의 효과를 기대할 수 있을 것이다.

 # 공동구매를 하는 세 가지 방법

방법 1 대표 회사를 결정하여 구매한다

대표가 되는 회사를 결정하여 그 회사를 통해서 발주와 지불을 총괄하여 실시한다.

방법 2 협동조합을 설립한다

공동구매를 목적으로 한 협동조합을 설립하여 대량구매를 한다.

방법 3 기존의 동업자 조합을 이용한다

새롭게 조합을 설립하는 것이 아니라, 이미 있는 동업자 조합을 통해 대량구매를 한다.

협동조합의 설립이나 사무 처리에는 시간이 걸리지만, 그 이상으로 큰 효과가 있다. 공동구매가 가능한 업종에서는 검토해 보자.

매입은 현금으로 하라

구입대금을 어음으로 지불하면 당장의 자금조달은 편해지지만, 장기적으로 보면 비싼 구매가 된다. 매입은 현금으로 해야 한다.

어음매입에 메리트는 적다

구입대금은 회사의 지불 중에서 가장 큰 금액이 된다. 또 회사에 있어서는 월급, 토지임차료, 건물임차료, 세금 등 현금으로 지불하지 않으면 안 되는 비용이 많이 있다. 그래서 구입대금을 어음으로 지불하는 회사가 많은 듯 하다.

확실히 어음으로 지불하면 당장의 자금조달은 편해진다. 그러나 장기적으로 생각하면 어음에 의한 매입은 비싼 구매가 되어, 결과적으로 자금조달이 힘들어진다.

어음매입은 구입처에 있어서는 아무런 메리트가 없다. 우선 어음이 결제될 때까지 자금이 잠을 자게 된다. 그렇다고 해서 어음을 할인하면 할인료가 든다. 게다가 거래처의 여신관리 등의 사무 비용도 필요하다. 그 외에 단골 거래처가 도산했을 때 생기는 대손손실도 전망해 두지 않으면 안 된다.

그러한 비용은 모두 물품 대금에 추가되므로 어음으로 사들이면 구입단가는 확실히 높아진다. 따라서 구입비용을 삭감하기 위해서는 어음 매입은 그만두고 현금으로 사들여야 하다. 현금 지불을 하게 되면 오히려 싸게 구입할 수 있다.

어음 매입은 고비용이 된다

1 현금으로 사들였을 경우

물품 대금

구입 대금 = 물품 대금

불필요한 비용은 없다.

2 어음으로 사들였을 경우

물품 대금　a　b　c

구입 대금 =
물건 대금+a+b+c

a = 대손손실의 예상액
b = 사무관리 비용
c = 금리 상응액

이 몫만큼 확실히 벌이가
줄어든다.

어음매입에는 여분의 비용이 추가된다. 구입 비용을 삭감하기
위해서는 매입은 현금으로 해야 한다.

63

제조는 외부에 위탁하라

제조는 외부에 위탁하는 것이 오히려 싼 경우가 많다. 또 제품의 개발·설계·판매에 집중할 수 있다.

공장을 가지지 않는 제조업자를 지향한다 ❶

제조업자가 공장을 가지고 있는 것은 당연하다고 생각할 것이다. 그러나 그것은 장래의 성장을 확실히 전망할 수 있었던 시대의 이야기이다. 현재와 같이 디플레이션으로 언제 무슨 일이 일어날 지 알 수 없는 시대에 제조업자는 공장을 가져야 한다는 상식을 고집할 필요는 없다.

공장을 가지게 되면 토지, 건물, 기계설비 등을 구입하기 위한 투자가 필요해진다. 투자를 행하면 당연히 자금조달은 나빠진다. 그렇더라도 그 투자가 성공하면 좋지만 무한 경쟁의 시대에 그 투자가 성공할지 어떨지는 모른다.

또 돈만이 아니라 사람도 당연히 있어야 하기 때문에 금리나 인건비의 지불로 인해 수익은 압박받게 된다. 그래서 채산을 얻기 위해서는 아무래도 양산화를 도모하지 않으면 안 되게 된다.

따라서 제조는 외부 위탁을 생각해야 한다. 외부 위탁하면 양산화할 필요는 없고, 필요한 수량만을 발주하면 된다. 현재 국내의 공장에서는 일이 줄어들고 있으므로 위탁처인 제조업자를 찾는 것은 어려운 일이 아니다. 게다가 인건비가 싼 해외의 회사에 제조를 위탁하면 제조 비용을 큰 폭으로 절감할 수도 있다.

또 현재 공장이 있는 회사에서 새로운 작업이나 제조공정이 필요해졌을 때에는 그 작업이나 공정만 외주에 내도록 하자.

 ## 자사가 제조해야 할 것인가, 외부 위탁해야 할 것인가?

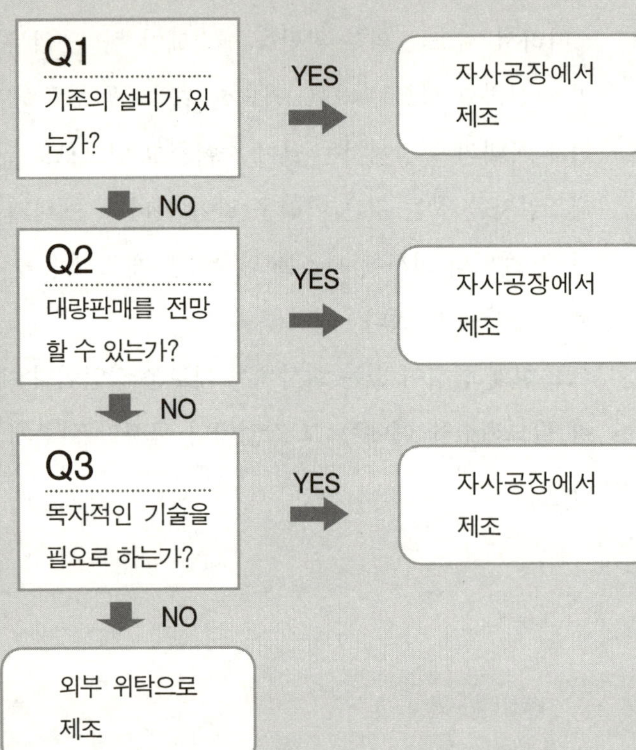

기존의 설비가 있는 경우, 대량판매를 확실히 전망할 수 있는 경우, 독자적인 기술을 필요로 하는 경우 등을 제외하고 제조는 외부 위탁을 검토하자.

64

임대공장을 이용하라

디플레이션 · 저성장의 시대에는 가지는 것보다 빌리는 것이 유리하다. 자금조달의 악화를 막고 비용 삭감과 리스크의 최소화를 실현할 수 있다.

공장을 가지지 않는 제조업자를 지향한다 ❷

설비투자는 회사가 현금흐름을 벌기 위해서, 또 성장하기 위해서 꼭 필요하다. 그러나 설비투자는 막대한 자금을 필요로 한다. 게다가 그 자금을 회수하려면 긴 시간이 걸린다.

그 때문에 투자를 한 직후는 자금조달이 극단적으로 나빠진다. 기업활동 중에서 제일 자금조달을 힘들게 하는 것이 설비투자이다.

또 설비투자에는 리스크가 항상 따라다닌다. 예정대로의 수익이나 비용 삭감 효과를 얻을 수 없는 경우도 있고, 언제 예측 불가능한 사태가 발생할지 모른다. 차입금에 의한 설비투자는 한층 더 리스크를 증대시킨다.

따라서 설비투자를 할 때는 그 금액을 최소한으로 억제하고 싶을 것이다. 그렇다고 해서 필요한 투자규모를 작게 할 수도 없다. 그러므로 임대공장의 이용을 검토해 보자. 본사 사무소나 창고를 빌리는 것은 당연한 일이며 현재는 공장을 빌리는 회사가 적지 않다.

설비를 임차함으로써 투자액을 최소로 억제하는 것이 자금조달 개선을 위해서 가장 효과가 있다. 게다가 임차라면 철수하는 것도 용이해서 리스크도 최소한으로 억제된다.

 ## 자사공장과 임대공장을 비교하면?

	자사공장	임대공장
투자액	크다.	작다.
자금조달에의 영향	자금조달이 악화된다.	영향이 적다.
비 용	장기 이용이라면 유리하다.	단기, 중기 이용이라면 유리하다.
철 수	하기 어렵다.	쉽다.
이미지	본사 빌딩과 달리 어디라도 그다지 다르지 않다.	
외부에서 보면	자사공장인지 임대공장인지는 구별이 되지 않는다.	

> 회사의 핵심이 되는 공장은 자사공장이라고 해도, 그 외는 빌리는 편이 장점이 많다.

65

생산활동의
합리화를 꾀하라

고객으로부터 요구되고 있는 품질, 가격(원가), 납기가 확실히 지켜지도록 공장에서의 생산
활동을 합리화할 필요가 있다.

생산활동의 4개의 M이란?

공장에서의 생산은 고객에게 도움이 되는 고품질(quality)
의 제품을 알맞은 가격으로 팔기 위해서 가능한 한 낮은 원
가(cost)로 만들어 정해진 납기(delivery)에 정해진 양을 납
품하는 것이 요구된다. 좋은 물건을 보다 싸고 보다 단기간
에 만드는 것이 제조업의 원점이라고 할 수 있다.

그것을 위해서는 작업원(Man), 재료(Material), 기계설비
(Machine), 생산방법(Method)의 4가지 M을 재검토하여 생
산활동의 합리화를 꾀할 필요가 있다. 우선은 잉여 인력, 재
고, 기계설비를 보유해서는 안 된다. 이것이 근본적인 비용

상승의 원인이 된다.

　재료는 제품에 적절한 최선의 것을 저가격으로 구입하여 허비가 없는 방법으로 사용할 필요가 있다. 작업원이 최고의 작업능률로 일을 할 수 있도록 모든 궁리를 거듭하는 구조를 만들어 가지 않으면 안 된다. 기계설비에 대해서는 효율화를 꾀하여 유효하게 이용할 필요가 있다.

　또 공장의 레이아웃, 공정, 생산방식의 설계를 하고 개선하여 최적의 생산방법을 선택하여 그 생산방법을 구체화하지 않으면 안 된다.

66

보틀네크(애로사항) 공정을 개선하라

생산공정 중에서 가장 능력이 낮은 공정을 보틀네크 공정이라고 하며, 이것을 개선함으로써 공장의 생산성은 높아진다.

제약조건의 이론이란?

공장의 생산공정 중에서 가장 능력이 낮은 공정을 보틀네크 공정이라고 한다. 공장의 생산성은 이 보틀네크 공정의 능력 이상으로는 절대로 향상되지 않는다.

그래서 우선 해야 할 일은, 다른 생산공정이나 자재조달을 보틀네크 공정의 생산 스피드에 맞추는 일이다. 보틀네크 공정의 생산능력에 맞추어 원재료의 조달량과 다른 공정의 생산량을 일부러 떨어뜨린다. 이것을 실천한 공장에서는 실제로 생산성을 비약적으로 높여 중간 과정이나 재고를 상당히 감소시킬 수 있다.

이것이 '제약조건의 이론(TOC)'이라고 이야기되는 것으로 보틀네크 공정을 개선하여 한층 더 생산능력을 향상시키면 생산성을 더욱 높일 수 있다.

보틀네크 공정을 개선한다고 해도 새로운 투자나 인원을 투입할 필요는 없다. 우선은 현재의 설비와 인원으로 그 생산능력을 다 사용하는 것을 생각하자. 그런데도 개선할 수 없는 경우에만 새로운 투자나 인원의 투입을 실시하는 게 좋다.

67

일곱 가지 허비를
철저히 배제하라

허비를 철저히 배제하는 것이 도요타 생산 방식의 기본이다. 일곱 가지 허비를 배제하면 생산 효율의 대폭 향상으로 이어진다.

불필요한 일곱 가지 허비가 있다

도요타 자동차의 연결 경상이익이 일본 기업에서 처음으로 1조 엔을 돌파(2001년도)하여 주목을 끌었다. 도요타 자동차의 생산 방식은 회사 안에서부터 모든 종류의 허비를 철저히 배제하는 것을 근본으로 하고 있고, 이것이 도요타 약진의 큰 원동력이다.

도요타 생산 방식을 낳은 부모라고도 일컬어지는 오노 타이이치 씨는 허비에는 ① 너무 많이 만든 허비, ② 손이 비는 허비, ③ 운반의 허비, ④ 가공 그 자체의 허비, ⑤ 재고의 허비, ⑥ 동작의 허비, ⑦ 불량품을 만드는 허비 등 일곱 가지의 허비가 있다고 했다.

이들 일곱 가지 허비를 철저히 배제함으로써 작업 능률을 큰 폭으로 향상시킬 수 있게 된다는 것이다.

일곱 가지 허비 중에서도 최악의 것이 '너무 많이 만든 허비' 이다. 너무 많이 만든 허비는 생산 설비나 사람을 놀려 두는 것은 아깝기 때문이라고 해서 필요도 없는데 만든다든지, 불량품을 예상하고 필요 이상으로 만든다는 것이다.

너무 많이 만든 허비로부터 당연히 원재료나 제작중인 물건의 재고가 쌓인다. 지금까지도 반복 설명하였듯이, 재고의 증가는 자금조달의 악화를 부른다. 또 동시에 너무 많이 만든 허비는 손이 비는 허비나 운반의 허비 등 그 외의 허비를 낳게 되기도 하다.

부가가치를 낳지 않는 것은 모두 허비임을 가슴속 깊이 새겨 두자.

일곱 가지 허비란?

1 너무 많이 만든 허비(Waste of overproduction)
설비 능력에 여유가 있다고 너무 많이 만들어서 쌓아 두거나, 미리 생산을 하거나, 너무 빨리 만드는 등에 의한 허비.

2 손이 비는 허비〔Waste of time on hand (waiting)〕
앞의 공정에서 오기를 기다리거나, 너무 많이 만듦으로 인한 차례 기다리기, 기계 설비의 고장이나 정지 등에 의해 작업을 하고 싶어도 할 수 없는 손이 비는 허비.

3 운반의 허비(Waste in transportation)
운반 자체는 부가가치를 낳지 않기 때문에 허비가 된다. 공장 레이아웃의 재검토나 공정의 재편성을 할 수 없는가, 운반 수단의 합리화를 할 수 없는가를 생각해 보자.

4 가공 그 자체의 허비(Waste of processing itself)
불필요한 가공이나 작업을 하는 것의 허비. 작업 내용이나 작업 순서를 재검토해 볼 필요가 있다.

5 재고의 허비〔Waste of stock on hand (inventory)〕
생산에서 재고는 빠뜨릴 수 없지만 과잉재고가 되면 보관비용이나 차입금 이자의 부담, 품질의 저하 등 다양한 문제가 생긴다.

6 동작의 허비(Waste of movement)
부가가치를 낳지 않는 사람의 움직임이나 기계 설비의 움직임에 의한 허비.

7 불량품을 만드는 허비(Waste of making defective products)
불량품의 발생은 대폭적인 비용 상승으로 이어진다. 불량품의 처리에 끝나지 않고 그 원인의 규명과 개선에 노력한다.

도요타 생산방식에서 배워라 68

도요타 생산방식의 하나가 '저스트 인 타임(just in time)'의 발상이다. 이것을 배워 사내의 허비를 철저히 배제하자.

저스트 인 타임을 실현한다

앞의 항에서도 서술한 것처럼 도요타 생산방식의 기본사상은 '철저한 허비의 배제'에 있다. 그리고 그 철저한 허비의 배제를 실현하는 핵심 요소 중의 하나가 '저스트 인 타임'의 발상이다.

저스트 인 타임의 발상이란 '필요한 물건을 필요한 때에 필요한 양만 손에 넣는다'는 것으로, 재고를 한없이 줄여서 생산효율을 올리고자 하는 것이다.

수많은 생산공정으로부터 이루어진 생산현장에서는 앞의 공정이 후속공정에 제작중인 물건을 공급하는 '밀어내기 방식'이 일반적이다.

　그러나 밀어내기 방식의 경우, 가령 제3공정에서 문제가
발생하면 제4공정 이후에는 제작중인 물건의 공급이 중단
되어 결함이 있는 물건이 생긴다. 게다가 제1공정, 제2공정
에서는 물건을 계속 만들기 때문에 자꾸자꾸 재고가 쌓이게
되는 사태가 생긴다.

도요타가 채용하고 있는 끌어당기기 방식이란?

　그래서 저스트 인 타임을 실현하기 위해서 도요타에서는
'끌어당기기 방식(간판방식)'을 채용하고 있다. 도요타의 끌
어당기기 방식으로는 후속공정이 앞의 공정에 '필요한 것
을 필요한 때에 필요한 만큼' 받으러 가게 되어 있다. 그리
고 앞의 공정은 후속공정이 받으러 온 만큼만 새롭게 제작
중인 물건을 만든다.

　가령, 제3공정이 제2공정으로부터 제작중인 물건을 30개
만 받아갔을 경우에는, 제2공정은 그 가지고 간 30개만 새
롭게 생산한다. 이 구조에 의해 생산량을 조절하여 너무 많
이 만든 허비나 너무 빨리 만든 것에 의한 허비를 배제하고

자 하는 것이다.

이 저스트 인 타임을 실현하기 위한 수단이 '간판'이라고 일컬어지는 생산 지시서나 인수 지시서이다.

저스트 인 타임의 발상은 제조현장만이 아니라 기업활동의 모든 장면에서 응용하고 싶은 바이다.

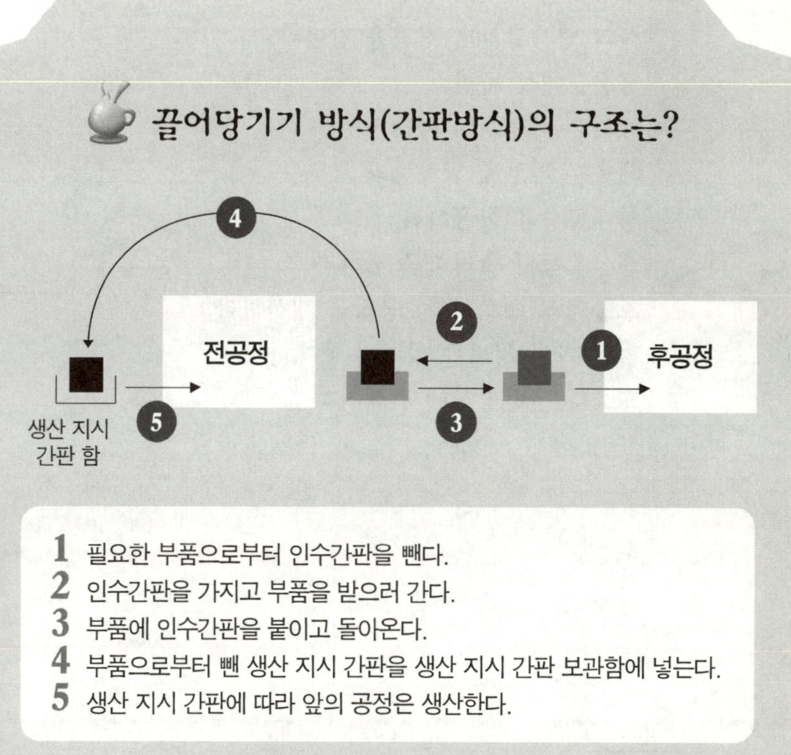

1 필요한 부품으로부터 인수간판을 뺀다.
2 인수간판을 가지고 부품을 받으러 간다.
3 부품에 인수간판을 붙이고 돌아온다.
4 부품으로부터 뺀 생산 지시 간판을 생산 지시 간판 보관함에 넣는다.
5 생산 지시 간판에 따라 앞의 공정은 생산한다.

• Key Point •

전략적

경비삭감편

14가지의 아이디어를 활용하자!

CHAPTER 7

전략적 경비사감 편

경비는 함부로 깎아서는 안 된다

경비는 깎는 것 자체가 목적은 아니다. 어디까지나 경영목표 달성의 수단으로서 전략적으로 해야 한다.

회사에 있어서 지출 줄이기는 영원한 테마

기업이 이익을 낳는 방법은 두 가지밖에 없다. 하나는 매상을 늘리는 것이고, 또 하나는 지출을 줄이는 것이다.

디플레이션 불황으로 매상의 성장을 기대할 수 없는 가운데 이익을 내려면 결국 지출을 줄이는 것, 즉 비용을 삭감할 수밖에 없다. 그래서 어느 회사나 비용을 줄이려고 애쓰고 있을 것이다.

그러나 비용 줄이기가 원활하게 이루어지는 회사는 많지 않은 것 같다. 가령 경영자는 비용을 줄이자고 소리 높여 강조하지만 전 직원이 이에 동참하지 않는 경우, 임기응변식의 착상으로 행하는 경우, 그리고 가장 많은 것이, 비용을 삭감하려고 하면 사원의 의욕이 저하되는 경우가 아닐까?

비용삭감은 수단에 지나지 않는다

아무리 비용을 삭감하지 않으면 안 된다고 해도, 무턱대고 뭐든지 삭감하는 것은 안 된다. 눈앞의 이익을 확보하기 위해서 함부로 비용을 깎는 것은 장기적인 시점에서 볼 때 회사에 있어서는 큰 마이너스가 된다.

중요한 것은 비용을 삭감하는 것 자체가 목적이 아니라는 것, 즉 비용삭감은 어디까지나 목표를 달성하기 위한 수단에 지나지 않는다는 점이다. 그러니까 비용삭감은 중장기의 경영계획과 연동된 것이 아니면 안 된다. 회사가 장래에 '있어야 할 모습'을 생각하면 마케팅 비용이나 인재의 교육비 등 결코 깎아서는 안 되는 비용도 있을 것이다. 그 때문에 어디의 비용을 얼마나 깎는가 하는 구체적이고 전략적인 비용삭감 계획이 필요해진다.

다음으로 비용삭감은 회사 전체로서 임하지 않으면 안 된다. 그것을 위해서는 경영비전·목표를 달성하는 데의 비용삭감의 필요성을 모든 사원에게 이해시킬 필요가 있다.

덧붙여 말하면, 비용에는 크게 나누어 구매비·인건비·
경비가 있는데 이 장에서는 경비의 주요항목에 대하여 구체
적인 삭감 방법을 설명한다.

 **전략적 비용삭감의 조건은?**

- 비전·목적을 실현하기 위한 일환일 것
- 경영자가 솔선하여 임할 것
- 삭감의 목표가 금액으로 나타나고 있을 것
- 모든 사원에게 확산되고 있을 것
- 삭감을 위한 구체적인 계획을 세울 것
- 계속적으로 임할 수 있는 내용일 것

경비삭감은 환경문제로서 생각하라

비록 작은 효과밖에 없는 경비삭감책이어도 환경문제에 공헌할 수 있는 대책이면 실행할 가치는 충분히 있다.

환경에 친화적인 경비삭감

경비삭감책으로서 '팩스용지는 사용이 끝난 복사용지의 이면지를 사용하라', '점심시간에는 전기를 끄라' 는 내용 등을 철저히 지키는 회사도 있다. 그러나 이러한 대처에 대하여 "요즘은 복사용지 등은 싸게 살 수 있고, 얼마 안 되는 시간을 소등 해봤자 절약할 수 있는 전기세는 몇 푼 안 되고, 그것보다 경비 삭감을 강요함으로서 사원의 의욕이 저하되는 편이 무섭다."고 말하는 사람도 있다.

확실히 종이나 전기세를 절약하더라도 작은 회사가 절감할 수 있는 금액 등은 한정되어 있고 그만큼의 효과는 기대할 수 없다. 그것보다도 정신적인 마이너스 면 쪽이 크다고 하는 사고방식도 이해할 수 없는 것은 아니다.

그러나 경비삭감을 환경문제로서 생각해 보면 어떨까? 이면지를 활용하고 재활용품을 이용하면 쓰레기를 줄일 수 있다. 또 전기의 사용료를 줄임으로써 궁극적으로 이산화탄소의 배출을 억제할 수 있다.

21세기는 모든 기업이 환경문제를 생각하는 시대이다. 환경문제에 임하는 데에 대하여 반대 의견을 내세우는 사원은 없을 것이다.

사회보험료 줄이는 법을 배워라

경비삭감 중에서 주목받는 일이 적은 회사 보험료인데 삭감할 여지는 결코 적지 않다. 적극적으로 줄이기에 임하자.

세금처럼 궁리하면 줄일 수 있다

건강보험료·국민연금·고용보험료·산재보험료 등의 사회보험료에 대해서는 지출에 걸맞는 급부가 당연히 있다고 믿고 어떤 대책도 세우지 않았다든지, 법률로 정해져서 지출하는 것이므로 줄일 여지는 없다고 생각하는 회사도 많은 듯 하다.

그러나 사회보험료에 대해서도 불필요한 지불을 하는 일이 있다. 그 성격은 세금과 거의 같고 다른 경비항목과 같이 궁리함으로써 줄일 수 있다.

게다가 사회보험료는 회사와 사원이 절반을 부담하고 있으므로 회사의 부담을 줄이면 사원의 부담도 줄어드는 경우가 많다. 사원에 있어서도 메리트가 있는 이러한 대책은 적극적으로 실행하지 않으면 안 된다.

그것을 위해 우선 현재 회사에서 얼마만큼의 사회보험료를 지불하고 있는지 파악하여 그것을 회사의 이익과 비교해 보자. 재차 그 부담의 무게를 알 수 있을 것이다. 이 책에서도 기본적인 절감책을 소개하고 있는데, 그 밖에 방식이 없는지 전문가에게 상담하여 대책을 강구하자.

입사, 퇴사의 날짜를 조절하라

72

입사일, 퇴사일이 단 하루가 다르기만 해도 사회보험료의 부담에 큰 차이가 생기는 일이 있다. 그 구조를 배워 두자.

입사일과 퇴직일에 부담액이 바뀐다

사원이 퇴직하는 경우, 많은 회사에서는 퇴직일을 월말로 잡는다. 이것은 급여계산의 편리성이라든지, 월말 쪽이 끊기가 좋다는 이유에서이다. 그러나 경비삭감이라는 관점에서 생각하면 월말에 퇴직하는 것은 추천할 수 없다. 월말을 퇴직일로 잡으면 건강보험과 국민연금의 사회보험료 부담이 커지기 때문이다.

사회보험은 퇴직일 다음 날이 자격상실일로 되어 있다. 또 보험료의 지불에 대해서는 어느 달의 도중에 입사나 퇴사를 해도 일당으로 계산되는 일은 없다. 즉 1개월 중 하루라도 회사에 재직하고 있으면 1개월분의 사회보험료를 지불하게 된다.

그 때문에 월말에 퇴직하면 다음달 1일에 자격을 상실하게 되어, 1일간만 사회보험이 적용된다. 그리고 1일밖에 적용일이 없어도 1개월분의 사회보험료를 부담하게 된다.

따라서 퇴직날을 월말의 하루 전으로 하면 사회보험료의 부담을 가볍게 할 수 있다.

또 월말에 입사하면 그 달은 1일 밖에 재적하지 않았음에도 불구하고 1개월분의 사회보험료를 부담하게 된다. 그렇게 되면 회사도 손해가 될 뿐만 아니라 사원에게는 일당으로 받는 1일 분의 월급보다 그 달에 지불하는 보험료 쪽이 더 많다는 식이 된다. 특히 건강보험의 경우 입사일이 1일일 경우는 그 달부터 보험료를 내지만 2일부터는 다음달부터 내므로 1일보다는 2일에 입사하는 게 더 유리하다.

지대와 건물의 임대료삭감을 검토하라

지대와 임대료는 비교적 금액이 크고, 게다가 고정비이기 때문에 부담이 크다. 따라서 항상 그 비용 줄이기를 검토하는 것이 필요하다.

지대와 임대료는 인건비 다음으로 큰 비용

회사의 경비항목 중에서 인건비 다음으로 금액이 큰 것이 지대와 임대료이다. 또 인건비와 같이 고정비이며 한 번 계약하면 해약할 때까지 매년 같은 금액이 발생한다. 따라서 지대와 임대료의 삭감을 할 수 없는가는 항상 검토할 필요가 있다.

임대료의 삭감은 우선 사람의 채용, 재고, 매상 목표라는 경영방침과의 관계로 생각해 볼 필요가 있다. 사원수가 증가하면 사무실 공간이 더 필요해지고, 재고가 증가하면 창고료도 증가한다. 또 매상 극대화를 지향하면 영업소가 필요해진다.

　그러나 적은 자본으로 큰 이익을 지향하는 소수정예주의라고 하는 사고방식을 철저히 지키고 있으면 임대료의 지출은 억제될 것이다.

영업소의 통폐합을 검토해 보자

　이미 있는 지점이나 영업소는 매상이나 이익에 대한 공헌 정도로 보아 통합이나 폐지를 검토해 보자. 또 창고에 불필요한 재고나 서류·비품 등이 있어 여분의 공간을 사용하고 있지는 않은지 점검하자. 만일 있다면 이것들을 처분하여 창고 공간을 축소하거나 임대를 그만둘 수 없는지 검토해 보자.

　다음으로 본사 사무실에 대해서는 정말로 그 장소에서 그만큼의 공간이 필요한지 검토해 볼 필요가 있다. 본사의 장소를 임대료가 저렴한 장소로 이전해도 업무에는 지장이 없는 경우도 적지 않다.

　또 사무용 기기나 서류를 정리정돈한다든지 사장실 등의 개인실을 없애는 것만으로도 공간을 확보할 수 있는 경우도 있다.

임대료 인하는 어쨌든 교섭해 본다

아무래도 현재의 사무실을 이전할 수 없다든지, 공간을 축소할 수 없는 경우에는 지대와 임대료를 깎을 수 있는 여지가 있는지 없는지 검토해 보자.

우선은 부근의 시세를 자세하게 조사하고 비교하여 만일 부담하고 있는 지대와 임대료가 비교적 비싸다고 한다면 인하 교섭을 해보자. 땅주인이나 건물주 쪽에서 지대와 임대료의 인하를 자청하는 경우란 없기 때문에, 스스로 조사하여 교섭을 하지 않으면 안 된다.

또 계약갱신 때는 지대와 임대료를 깎을 수 있는 기회이다. 갱신시에 교섭해 보면 비록 지대와 임대료를 깎을 수는 없어도 가령 갱신료의 감면 등의 양보를 얻어낼 수 있는 경우가 있다.

74

연수의 효과는 높이고 비용은 줄여라

사원의 연수방법을 궁리하면 연수의 효과를 높이면서 그 비용을 줄일 수 있다. 조성금의 활용도 검토하자.

상공회의소의 세미나를 이용한다

돈을 버는 회사인지 아닌지는 그 회사 사원의 자질로 정해지는 경우도 적지 않다. 따라서 사원의 연수는 아무래도 빠뜨릴 수 없다. 그래서 연수의 내용이나 시간은 줄이지 않고, 오히려 늘리면서, 연수를 위한 지출을 줄일 것을 생각해 볼 필요가 있다.

그것을 위해서 우선 이용할 수 있는 것이 공공 기관의 강습회이다. 상공회의소나 법인회 등의 공공 기관에서는 부기, 회계, 비즈니스 매너, PC, 노무관리 등 상당한 분야에 걸쳐 폭넓게 강습이나 세미나를 개최하고 있다. 내용은 입문·기본적인 것을 중심으로 하는데 저렴하게 수강할 수 있다.

따라서 부기나 PC 등의 기초적 내용에 대하여 연수를 실시할 경우는 공공 기관을 많이 이용해야 한다.

연수용 비디오를 활용한다

또 연수용 비디오도 많이 활용된다. 외부에서 행하여지는 강습회나 세미나 등에 참가하게 되면 출석할 수 있는 인원 수도 한정되고 연수를 위해서 근무시간을 줄이지 않으면 안 된다. 그러나 비디오라면 단체연수뿐만 아니라 사원의 개인적인 연수에도 사용할 수 있고 게다가 그것을 모든 사원이 공유할 수 있다.

시판되는 연수용 비디오는 한 사람이 세미나에 참가하는 비용 정도로 구입할 수 있으니 좋은 것을 찾아 보자.

저명한 연수기관 등에서 행하여지는 세미나에 사원이 참가한 경우는 그 사원이 강사가 되어 사내에서 연수회를 개최하는 방법도 있다. 테마 별로 참가자를 결정하여 사내연수에서 강사를 맡으면 연수경비를 줄일 수 있을 뿐만 아니라 강사가 되는 사원의 대폭적인 지식·능력의 향상을 기대할 수 있다.

75

접대비 · 교제비야말로 삭감하라

접대비 · 교제비는 그 지출의 효과가 명확하지 않고, 세무 원칙상 손실금에 산입되지 않는다.
그 때문에 특히 삭감해야 한다.

정말로 지출의 효과가 있는가?

회사의 접대비 · 교제비는 경비 항목 속에서는 가장 증가하기 쉬운 지출이다. 접대비 · 교제비의 예산을 짜지 않는다면 끝없이 증가하는 경향이 있다. 담당자로서 볼 때 접대비 · 교제비를 사용하는 편이 일을 하기 쉽기 때문이다.

거래처와의 관계를 원활히 유지하기 위해서는 확실히 접대비 · 교제비의 지출을 빠뜨릴 수 없지만, 그 지출과 효과의 관계가 명확하지 않다. 또 담당자 개인으로서도 접대비 · 교제비를 충분하게 사용하고 싶은 마음은 항상 있다. 그 때문에 불필요한 지출을 하는 경우도 적지 않다.

한층 더 문제인 것은 세무 원칙상 접대비·교제비는 손실금에 산입되지 않는다는 점이다. 효과를 얻을 수 없는 지출을 하고, 게다가 그 지출이 비용으로서 인정받지 못한다면 회사로서는 이중의 손실이 된다. 그 때문에 접대비·교제비에 대해서는 특히 줄이려고 노력해야 한다.

접대비·교제비가 정말로 필요한지, 단순한 습관으로 행하고 있는 접대·교제가 있는지 없는지 한 번 더 검토해 보자.

접대비·교제비의 구체적인 삭감 방법으로서는 ① 형식적·의례적인 선물을 폐지한다, ② 거래처마다 접대비·교제비의 예산을 설정한다, ③ 사전 승인 제도를 도입한다, ④ 음식 대신 선물을 보낸다, ⑤ 점심식사 접대로 전환한다는 방법을 생각할 수 있다.

 # 접대비의 삭감 방법

접대비의 삭감 방법

1 형식적 · 의례적인 선물을 없앰
2 거래처마다의 접대비 · 교제비 예산 설정
3 사전 승인 제도의 도입
4 음식 대신 선물을 줌
5 점심식사에서의 지출

76

음식비용은 회의비로서 지출하라

회의비와 접대비는 비슷하지만, 회의비라면 금액이 경비가 된다. 음식비용은 회의비가 되도록 지출 방법을 궁리한다.

비용삭감과 절세의 이중 효과를 노린다

음식을 수반하는 접대비와 회의비는 비슷한 면이 있다. 어느 쪽이나 상담이나 업무상의 협의와 수반되어 사용되는 비용이다. 양자의 차이를 간단하게 말하면, 접대비는 일반적으로 금액이 크고 회의비는 비교적 금액이 작다, 그리고 접대비는 세무 원칙상 손실금에 산입되지 않지만, 회의비는 모두 경비로서 인정된다는 점이다.

따라서 거래처와의 음식비용이 접대비가 아니라 회의비가 되도록 지출하면 비용삭감으로 이어짐과 동시에 절세가 되기도 한다. 그것을 위해 접대비와 회의비의 차이를 이해하여 거래처와의 음식비용이 회의비로서 처리될 수 있도록 지출 방법을 궁리할 필요가 있다.

회의비란 회의에 임하여 다과·도시락, 기타 등의 음식물을 공여하기 위해 통상 필요로 하는 비용을 말한다. 회의비와 접대비의 구별에 대해서는 다음 그림을 참조하자.

회의와 관련하여 지출하는 비용이 접대비로 간주되지 않기 위해서는 회의로서의 실체를 갖추고 있을 필요가 있다. 또 회의비는 점심식사 정도의 금액으로 대개 30,000원 이하가 하나의 기준이다. 덧붙여 말하면, '점심식사 정도' 라는 말은 금액의 정도를 말하며, 회의에 관련된 사회적 의례상의 일이라면 저녁식사라도 회의비가 된다.

또 회의비가 되도록 하기 위해서는 회의장으로서 걸맞는 곳에서 지출할 필요가 있다.

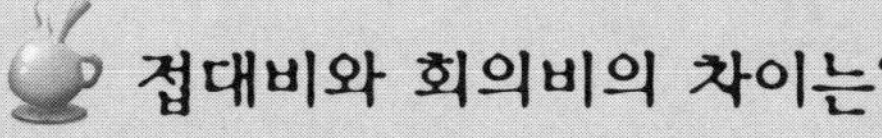

접대비와 회의비의 차이는?

	접대비	회의비	포인트
지출의 목적	접대나 대접	사회적인 예의로부터 회의에 관련됨	협의나 상담을 관련시켜서 실시할 것
금 액	점심식사의 정도를 넘는 호화로운 것	점심식사 정도의 것	기준은 1인당의 지출이 30,000원 정도
장 소	고급 음식점 및 술집, 스낵, 클럽	요리배달, 식당, 음식점	회의를 하는데 걸맞는 장소인가 아닌가

1인당의 지출이 30,000원을 넘더라도 실체가 회의라면 회의비가 되지만 비용삭감을 위해서도 1인당의 지출은 30,000원 이하로 억제해야 한다.

77

우편요금의 할인제도를 이용하라

한 번에 대량의 우편물을 발송할 때 등 우편요금에는 여러 가지 할인제도가 있으므로 우체국에 문의해 활용한다.

모르기 때문에 손해를 보고 있지 않은가?

우선, 일반 다량우편물을 발송할 때는 최저 1000통 이상일 때 6%, 최고 300,000통 이상일 때 15%의 할인율이 적용된다. 또 우편물의 구분 정도, 접수우체국, 우편번호 바코드 인쇄 등 우편물에 따른 추가 할인율이 있다. 우편번호를 앞에서 3자리까지 구분하고 우편집중국이나 직접 배달할 우체국에 접수하는 경우 추가로 2%의 할인율이 더 적용되고, 우편번호를 앞에서 6자리까지 구분하고 우편집중국에 접수할 경우 추가 3%, 직접 배달할 우체국에 접수하는 경우 추가 5%의 할인율이 더 적용된다. 우편번호를 바코드 인쇄할 때는 우편번호 앞에서 3자리까지 구분하여 우편집 중국에 접수하는 경우 5%의 추가 할인율이 적용되고 우편번호 앞에서 6자리까지 구분하여 우편집중에 접수할 경우 6%의 추가 할인율이 적용된다.

모든 우편물은 우편번호를 앞에서 셋째자리, 여섯째자리로 구분해서 내야 하고, 요금별납우편물은 1회에 2000통 이상 접수하는 경우에만 할인해주고, 보통우편과 빠른우편 구분 없이 동일한 할인율이 적용된다.

정기간행물은 일간(주 3회 이상 발행하여 발송)은 일반 우편요금의 75%, 주간(월 4회 이상 발행하여 발송)은 70%, 월간(월 1회 이상 발행하여 발송)은 55%의 할인율이 적용된다.

홍보우편물은 최저 1000통 이상일 때 15%, 최고 350,000통 이상일 때 45%의 할인율이 적용되고 일반 다량우편물과 같이 구분 정도, 접수우체국, 바코드 인쇄에 따라 추가 할인율이 있다.

속달(빠른우편)은 정말로 필요한 때만 사용하면 좋다

　그 외에 미리 도착일을 알 수 있다면 속달(빠른우편)을 사용하지 않아도 되는 경우가 많은데 어쨌든 급하다고 해서 비싼 속달 요금을 지불하는 경우도 적지 않다.

　우편 홈페이지에서 배달 예정일을 조사할 수 있으므로 정말로 필요한 때만 속달을 사용하도록 하자.

　자세한 것은 우체국에서 문의하든지 인터넷우체국(http://www.epost.go.kr)을 참조하자. 인터넷우체국 홈페이지에는 알고 있으면 편리한 정보가 많이 있으므로, 한 번 봐 두면 좋을 것이다.

 # 우편 요금의 절약 방법은?

1 광고 우편물의 할인제도를 이용한다.

2 바코드 우편을 이용한다.

3 속달(빠른우편)의 이용을 줄인다.

78

회사용 자동차는 없애고 사원으로부터 빌려 써라

회사에서 자동차를 소유하고 있어도 허비인 경우가 많다. 회사용 자동차는 없애고 필요하면 사원 개인으로부터 빌려 쓰면 된다.

회사용 자동차에는 큰 비용이 든다

영업활동에 자동차가 필요한 업종일 경우 많은 기업에서는 영업용 자동차를 구입하고 있다. 그러나 자동차를 구입하여 유지하기 위해서는 대단한 비용이 든다. 우선 자동차의 구입대금이나 자동차 취득세, 그리고 자동차세, 보험료, 차량검사 비용, 휘발유 비용, 기타 소모품 비용 등을 합계하면 대단한 금액이다.

이 때 영업담당 사원으로부터 자동차를 빌려서 회사의 일에 사용하는 것을 검토해 보자. 비용삭감이 될 뿐만 아니라 자동차의 구입이나 관리의 수고를 생략할 수 있다.

또 유지 비용의 일부를 회사에서 부담해 준다고 하면 자
동차를 제공하는 사원에게 있어서도 나쁜 일은 아니다. 자
동차를 소유하고 있어도 평소에는 그다지 사용하지 않는 사
원도 많을 것이다.

덧붙여 말하면, 사원으로부터 자동차를 빌려 쓸 경우는
계약서를 작성하도록 하자. 일본의 경우, 그 때의 차입금액
을 사원이 실제로 수령하는 금액이 연간 200만 원 이하가
되도록 설정한다. 급여 이외에 소득이 있어도 연간 200만
원 이하라면 세금이 붙지 않기 때문이다.

79

보험은
만기환급금이 없는 것을 들어라

만일에 대비하기 위한 보험이라면 저축성이 높은 보험에 들 필요는 없다. 만기환급금이 없는 것이라면 경비삭감도 되고 절세도 할 수 있다.

만기환급금이 없는 것이라면
보험료는 전액 손실금이 된다

장기 불황으로 기업경영이 힘들 때에는 대수롭지 않은 사고가 경영의 위기로 직결되기도 한다. 따라서 사고에 대한 대비는 확실하게 해둘 필요가 있다.

그래서 경영자나 종업원을 대상으로 한 생명보험, 자동차나 설비·재고정리 자산 등을 대상으로 한 손해보험에는 빠짐없이 가입해 둔다.

그렇다고는 해도 보험료가 결코 싼 것은 아니다. 따라서 보험에 빠짐없이 가입하게 되면 당연히 만기환급금이 없는 보험을 선택하게 된다.

　만기환급금이 없는 보험은 저축성이 높은 보험과 비교하면 보험료가 싸기 때문에 적은 비용으로 보험이 필요한 사람과 물건 전부를 보장받을 수 있다. 그리고 보험료가 싸다는 것은 당연히 자금유출이 억제되므로 수중에 남는 자금이 늘어나게 된다.

　게다가 만약 보험회사가 도산해도 만기환급금이 없는 보험이라면 손해를 안 보거나, 손해가 있었다고 해도 적은 금액으로 해결된다. 또 만기환급금이 없는 보험은 부금의 전액이 손실금에 산입된다는 세무상의 메리트가 있다는 점도 간과할 수 없다.

차입금을 줄여 지불이자를 삭감하라

80

지불이자를 삭감하려면 우선 차입금을 상환하라. 필요 없는 자산을 처분하여 차입금을 갚는 동시에 신규의 차입은 피하자.

이자 부담으로 벌이가 소모된다

차입금에 의존하는 일이 많은 중소기업에서 지불이자의 부담은 결코 적지는 않다. 조금이라도 많은 돈을 벌어서 이익을 확보하기 위해서는 지불이자를 삭감하지 않으면 안 된다. 지불이자를 삭감하려면 차입금을 줄이든지, 금리를 인하할 수밖에 없다. 물론 가장 확실한 방법은 현재 있는 차입금을 상환하는 것이며 새로운 차입을 하지 않는 것이다.

우선은 대차대조표의 자산의 부를 재검토하여 처분할 수 있는 자산이 없는지 검토하여 처분할 수 있는 것은 처분하여 빚을 상환하자. 부동산이나 골프 회원권 등 잠재적 손실을 가진 자산을 처분하면 구입한 비용과의 차액에서 손해가 나기 때문에 처분을 단행할 수 없다는 회사도 있다.

그러나 이러한 자산을 보유하고 있어도 반영구적으로 가격이 오르지 않을 지도 모르고 무엇보다 유지하기 위한 비용도 든다. 유지 비용을 부담해서까지 보유해야 할 자산인지 어떤지 잘 검토해 보자.

필요가 없는 빚을 내서는 안 된다

다음으로 필요가 거의 없는 빚을 내지 않도록 유의할 일이다. 돈을 빌리려고 하기 전에 정말로 그 빚이 필요한지 부디 한 번 더 잘 생각해 보자.

자기자금이든 부채든 돈이 자기에게 있기만 하면 어딘지 모르게 안심이 된다는 것이 경영자의 심리이다. 그래서 아무래도 빚을 내고 마는 듯 하다. 그러나 자금이 자기에게 있으면 사용하기 때문에 많은 중소기업이 빚으로부터 헤어날 수 없는 것이 아닐까?

자금이 부족할 것 같다고 안이하게 돈을 빌려 오는 것이 아니라 제4장 42에서 설명한 것처럼 가지고 있는 자산을 융통하거나 지불면에서 궁리를 함으로써 자금조달을 해가자.

 ## 지불 이자의 삭감 방법은?

1 차입금을 줄인다
- 신규의 차입을 가능한 한 하지 않는다.
- 자산을 처분하여 차입금을 상환한다.

2 금리를 인하한다(제7장 81)
- 이율이 낮은 자금으로 바꿔 빌린다.
- 금리 인하를 교섭한다.

81

차입금리를 낮춰라

차입금리를 낮추려면 이율이 낮은 자금으로 바꿔 빌리든지 금리인하 교섭을 할 수밖에 없는데 어느 쪽이나 회사의 실적이 좋을 때라면 하기 쉽다.

7~8% 이상의 이율로 빌려서는 안 된다

지불금리의 부담을 줄이려면 이율이 더 낮은 자금으로 바꿔 빌리든지, 금리인하 교섭을 하여 이율을 낮출 수밖에 없다.

회사의 실적이라든지 담보 상황 등에 따라 다르지만 현재의 금리수준으로부터 대개 7~8% 이상의 이율로 빌리고 있다면, 일반적으로는 높다고 말할 수 있다. 또 자동차 구입 대부금 등을 사용하고 있으면 금리가 10%라든지 15%를 넘는 경우도 적지는 않다.

원래 이런 고금리의 차입을 해서는 안 되는데, 만일 빌렸다면 즉시 이율이 낮은 것으로 바꾸어 빌리도록 검토하자. 상호저축은행이나 지방은행에서 빌릴 수 없는지, 공적 융자를 받을 수 없는지 검토한다.

금리인하 교섭을 하려면 다른 은행에서는 어느 정도의 이율로 빌릴 수 있는지 알아 두지 않으면 안 된다. 그것을 위해서는 금융에 관한 정보를 모으는 것은 물론 최소한 일반은행, 지방은행, 상호저축은행의 3행에서 거래를 하는 것도 필요해진다.

그런데 좋은 조건으로 금융기관으로부터 빌린다든지, 금리인하 교섭을 하려면 회사의 실적이 좋은 것이 최저조건이다. 따라서 회사의 결산 내용이 좋을 때에 곧바로 금융기관에 가서 교섭해야 한다. 만일 이번 기(期)는 실적이 좋지 않지만 아무래도 이율이 낮은 것으로 바꿔 빌리고 싶다고 할 경우에는 제9장에서 소개하는 적자대책의 방식을 참고하자.

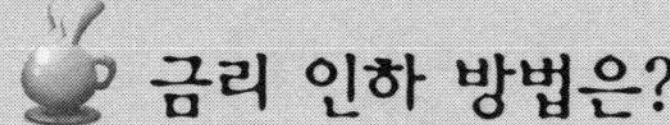# 금리 인하 방법은?

1 이율이 낮은 자금으로 바꿔 빌림

- 가능한 한 많은 창구를 방문해 본다.
- 중소기업은행의 융자를 검토한다.
- 시, 군의 융자를 검토한다.
- 상호저축은행의 융자를 검토한다.

2 금리 인하 교섭

- 은행이 하자는 대로 하지 않는다.
- 어쨌든 교섭해 본다.
- 여러 금융기관과 거래한다.
- 금융기관을 서로 경쟁시킨다.

회사의 실적이 좋을 때에 필요한 정보를 모아 끈질기게 교섭하는 것이 중요하다.

절세에 임하라

아무리 비용을 삭감하고 이익을 내도 세금으로 사라지면 의미가 없다. 세금은 비용이라고 인식하여 가능한 한 절세해야 할 것이다.

절세는 비용삭감의 총마무리

회사의 이익은 수익으로부터 비용을 공제한 것이 일반적인데, 실제로는 거기에 세금이 붙는다. 그렇게 생각하면 회사의 이익이란 수익으로부터 비용과 세금을 공제한 것이라고 하는 편이 옳다.

따라서 세금은 단순히 이익에 대해서 드는 것만이 아니라, 비용의 하나로서 인식해야 한다. 세금은 비용이므로 그 외의 비용처럼 그 지출을 가능한 한 줄일 필요가 있다는 것이다.

아무리 비용삭감에 힘써서 이익을 발생시켜도 그 4% 이상(법인세, 주민세 및 사업세)이 세금으로 사라진다는 것은 비용삭감의 의욕도 없어지고 회사의 체력도 붙지 않는다. 절세는 비용삭감의 총마무리이다.

덧붙여 말하면, 탈세를 하여 납세를 면하려고 하면 머지않아 적발되어 중가산세 등의 사회적 제재를 받아 기업체력을 약하게 만들고 만다. 어디까지나 합법적으로 절세를 해야 한다.

 # 절세의 효과를 보게 되면…

	절세하지 않을 경우	절세할 경우
매상	188,700	188,700
매상원가	151,000	151,000
매상 총이익	37,700	37,700
판매비 및 일반 관리비	10,880	10,880
영업이익	26,820	26,820
영업 외 수익	100	100
영업 외 비용	5,420	5,420
경상이익	21,500	21,500
특별이익	4,600	4,600
특별손실	300	300
세금공제 전 당기 순이익	25,800	25,800
법인세 등	16,770	7,740
당기 이익	9,030	18,060

수익이나 비용이 같아도 절세하고 있느냐 아니냐에 따라 수중에 남는 자금은 크게 달라진다.

아무리 이익을 내도 수중에 돈이 남지 않으면 의미는 없다. 세금은 비용이라고 생각하고 절세하자.

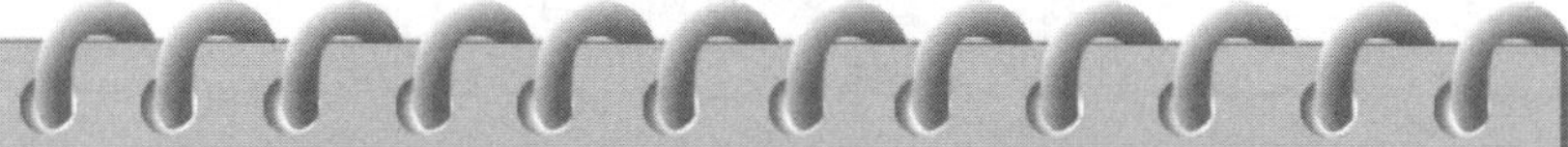

69	경비는 함부로 깎아서는 안 된다
70	경비삭감은 환경문제로서 생각하라
71	사회보험료 줄이는 법을 배워라
72	입사, 퇴사의 날짜를 조절하라
73	지대와 건물의 임대료삭감을 검토하라
74	연수의 효과는 높이고 비용은 줄여라
75	접대비·교제비야말로 삭감하라
76	음식비용은 회의비로서 지출하라
77	우편요금의 할인제도를 이용하라
78	회사용 자동차는 없애고 사원으로부터 빌려 써라
79	보험은 만기환급금이 없는 것을 들어라
80	차입금을 줄여 지불이자를 삭감하라
81	차입금리를 낮춰라
82	절세에 임하라

영업 · 판매 활동 편

15가지의 아이디어를 활용하자!

CHAPTER 8

영업·판매 활동 편

영업 · 판매

활동 편

왜 팔리지 않는지 이해하라

팔리지 않는 것은 파는 쪽에 문제가 있든지, 고객을 만족시키지 못하는 데 문제가 있는 것이다. 외부 요인의 탓으로 해서는 안 된다.

팔리지 않는 것은 불황이나 시장의 탓이 아니다

많은 기업이 매상부진으로 허덕이고 있다. 도산하거나 실적부진으로 힘겨워하는 기업은 시장 때문에 그렇다고 외부 요인의 탓으로 돌린다. "장기 불황, 과당경쟁, 수요의 감소, 시장의 축소 등에 의해 매상이 늘지 않는다" 혹은 "매상이 감소하고 있다"는 것이다.

그러나 외부 요인의 탓으로 해도 문제가 해결되지는 않는다. 매상이 부진한 원인은 파는 쪽에 문제가 있거나 상품·서비스에 고객이 만족하지 못하기 때문이라고 생각해야 한다.

파는 방법으로 말하면, 가령 가격정책이 잘못되어 있다, 판매노력이 부족하다, 판매방법이 잘못되어 있다, 판매방법을 모른다는 것 등을 원인으로 생각할 수 있다. 품질이 좋기 때문에 팔릴 것이라고 믿고, 팔기 위한 노력을 하지 않는 것이 아닐까? 이에는 셀링(selling : 판매활동)의 개선이 필요하다.

상품이 팔리지 않는 또 하나의 이유는 고객 불만족의 문제이다. 상품과 그것을 제공하는 기업에 고객이 만족하지 못하는 것이다. 고객의 수요에 맞는 상품 · 서비스를 제공하여 높은 고객만족을 실현하기 위해서는 마케팅 활동을 빠뜨릴 수 없다.

84

파는 것이 아니라 사도록 만들어라

물건이 넘치는 시대에는 고객을 만족시키는 것이 무엇보다도 중요하다. 고객으로 하여금 사도록 만든다는 발상이 없으면 고객은 멀어져 간다.

고객만족의 추구가 최우선 과제

고객만족(CS) 경영이라는 말이 쓰이게 된 지 많은 시간이 지났지만 그 중요성은 해마다 커지고 있다.

물건이 부족했던 시대에 기업은 '이런 물건을 만들면 팔릴 것이다' 라고 생각하고 제품을 만들어 '이렇게 하면 팔릴 것이다' 라고 생각하여 판매해 왔다. 이러한 자기본위의 발상으로 사업전개를 해도 경영이 되었다.

그러나 현재와 같이 물건이 넘치는 시대에는 '어떻게 하면 고객으로 하여금 사도록 만드는가', 바꿔 말하면 '어떻게 하면 고객을 만족시킬 수 있을까' 라는 고객만족(CS)의 추구를 최우선 과제로 하지 않으면 경쟁에서 탈락한다.

우선 '고객은 자사의 상품 · 서비스에 만족하고 있는가'를 더 진지한 자세로 다시 한 번 바라보자. '고객이 자사를 어떻게 보고 있는가', '불만을 가지고 있지는 않은가', 그리고 '자사에 대해서 무엇을 원하고 있는가'를 조사하자. 고객의 목소리(의견)를 겸허하게 받아들이지 않으면 안 된다.

클레임(불만)이나 리퀘스트(요청)가 있을 때에는 고객만족도를 높일 수 있는 기회라고 생각하자. 그리고 곧바로 구체적인 대책을 강구하는 것이 중요하다.

85

마케팅에
비용과 수고를 들여라

이익이 나지 않는다고 해서 마케팅 비용을 깎아서는 안 된다. 마케팅 비용과 수고를 아까워
하면 매상은 줄어들 뿐이다.

삭감해서는 안 되는 비용 ①

불황기에 돈을 벌기 위해서는 로 코스트(low cost) 경영에 철저하지 않으면 안 된다. 그 때문에 경비는 가능한 한 삭감하는 것이 원칙이다. 다만 마케팅 비용(시장 조사비, 고객에 대한 가치 제안비, 광고 선전비, 판촉비 등)은 결코 삭감해서는 안 되는 비용 중의 하나이다.

이익이 나지 않으면 많은 기업이 마케팅 비용을 삭감하려고 한다. 확실히 마케팅 비용을 삭감하면 눈앞의 이익은 확보할 수 있을 지도 모른다. 그러나 장기적인 관점에서 보면 오히려 장래의 매상부진을 불러오는 역효과가 난다.

이래서는 매상이 줄고 마케팅 비용의 삭감을 반복하는 악순환에 빠지게 된다. 마케팅 비용은 회사의 선행투자이며, 장래의 이익을 낳기 위해서 꼭 필요한 비용이다.

그렇다고 돈을 들이기만 하면 효과가 오르는가 하면 그렇지는 않다. 당연히 보다 적은 비용으로 보다 높은 효과를 얻을 수 있도록 노력할 필요가 있다. 가령, 명함 뒤에 자사상품의 정보를 넣기만 해도 훌륭한 광고가 된다.

또 업계지 등에 힘을 써서 자사의 뉴스를 기사로 해 달라고 부탁하든지, 신문 등의 광고비가 저렴할 때에 신문광고를 내는 방법도 생각할 수 있다.

함부로 비용을 들일 것이 아니라, 독자적인 아이디어를 기획하여 활용해 보는 것이 중요하다.

 # 마케팅 활동은 회사의 생명선

마케팅 비용을 삭감하면

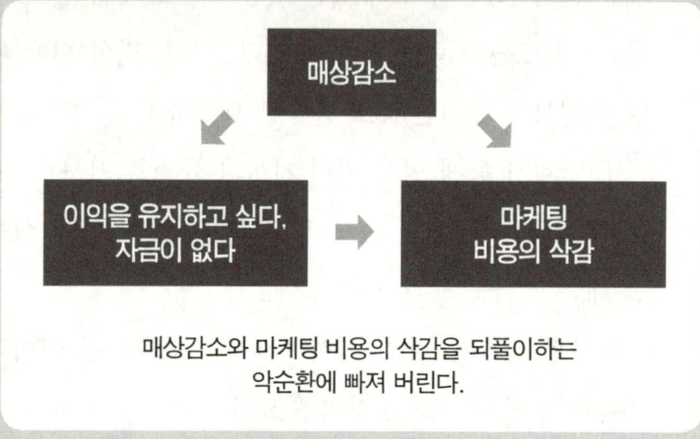

대책 1 힘들어도 마케팅 비용은 삭감하지 않는다.

대책 2 비용을 들이지 않고 마케팅 활동을 할 수 있는 방법을 찾는다.

이익이 나지 않기 때문에 마케팅에 드는 비용을 깎아서는 안 된다. 만일 비용을 깎으려면 그만큼 아이디어를 더 내라.

항상 상품개발에 임하라

항상 신상품을 투입하지 않으면 매상은 줄어든다. 작은 회사에서도 할 수 있는 신상품의 개발방법을 검토하자.

삭감해서는 안 되는 비용 ❷

아무리 잘 팔렸던 상품이라도 시간이 지나면 구입가치가 떨어져 팔리지 않게 된다. 따라서 상품개발에 힘을 써서 새로운 상품을 투입해 가지 않는다면 머지않아 매상은 떨어질 것이다. 특히 현대는 상품의 수명이 짧아지고 있기 때문에 마케팅과 같이 상품개발에 대해서도 비용과 수고를 아까워해서는 안 된다.

제조업이면 신제품의 기획개발을 빠뜨릴 수 없는데, 작은 회사에 개발을 위한 충분한 기술력이나 자금력이 있을 리 없다. 그래서 휴면특허(休眠特許 : 비즈니스 등에 활용되어 있

지 않은 특허)의 이용이나, 대학·대학원의 연구실 등과의
제휴라는 방법을 검토해 볼 필요가 있다.

휴면특허의 활용을 검토한다

훌륭한 기술이어도 여러 가지 이유로 상품화되지 않은 것
이 많이 있다. 이 중에 상품화할 훌륭한 발명이 있을 지도
모른다.

이러한 휴면특허는 특허청의 홈페이지에서 열람할 수 있
고 또 휴면특허의 활용에 대하여 상담에 응해 주는 특허 사
무소 등도 있다.

또 대학·대학원과 민간기업의 중개를 하는 TLO(기술 이
전 기관)를 이용하여 대학·대학원에서 연구되고 있는 기술
을 활용할 수도 있다. 또 발명협회나 발명학회 같은 단체의
회원이 되는 방법도 있다. 이러한 단체에서는 회원의 발명,
아이디어를 채용하여 상품화해 주는 기업을 널리 찾고 있다.

판매업이면 항상 히트상품이 될 것 같은 신상품을 찾아내
어 구매해야 한다.

특히 도매상이나 종합상사에서는 자사에서 상품을 기획
하고 개발할 수 있는 체제를 정돈할 필요가 있다. 히트상품

이 되는 오리지널 상품을 가짐으로써 자사의 존재가치를 높여 가지 않으면 안 된다.

 작은 회사에서도 할 수 있는 상품개발 방법은?

방법 1	휴면특허의 활용을 검토한다.
방법 2	대학 · 대학원에서 연구되고 있는 기술을 이용한다.
방법 3	발명협회 등을 통하여 아이디어를 모은다.

가격경쟁을 해서는 안 된다

87

할인판매를 하면 반드시 같이 가격을 내리는 회사가 나타난다. 그 때문에 한없는 가격경쟁이 시작되어 대기업만 살아남게 된다.

할인판매로 돈을 버는 것은 일시적이다

현재는 디플레이션의 시대여서 물건가격이 내리고 있다. '가격파괴', '20%, 30% 할인은 당연' 등으로 항간에서는 디스카운트 상법이 대유행이다. 그 때문에 '가격을 내리지 않으면 팔리지 않는다'고 생각하여 할인판매를 하는 중소기업이 적지 않다. 그러나 작은 회사는 원칙적으로 할인판매를 해서는 안 된다.

가격을 내리면 확실히 일시적으로는 매상이 증가하여 돈을 벌 수 있을 지도 모른다. 그러나 할인판매는 누구라도 할 수 있는 것이므로 가격인하를 하면 한층 더 가격을 내리는 기업이 나온다. 그리고 그 다음에는 또 다른 기업이 한층 더 가격을 내린다. 이렇게 해서 가격경쟁에 돌입하여 한없는 소모전이 전개된다. 그러면 자금이 없는 작은 회사는 철수를 하지 않을 수 없게 되어 마지막에는 자본력이 있는 대기업만이 살아남게 된다. 살아남은 대기업이라고 해도 수익력은 악화되어 실적에는 큰 영향이 있을 것이다.

작은 회사는 가격이 아니라 상품이나 서비스를 차별화하여 가치를 높임으로써 경쟁할 것을 생각해야 한다.

88

할인판매는 그만두어라

할인판매를 하면 매상은 증가할지 모르지만 돈 벌이는 줄어들고 만다. 할인판매는 가능한 한 피하자.

가격인하를 하면 아무리 팔아도 돈을 벌지 못한다

아무리 팔아도 전혀 돈을 벌지 못하는 방법이 있다. 구입 원가(또는 제조원가)로 팔았을 경우가 그것이다. 원가로 판다는 것은 극단적인 예이지만, 할인판매는 많은 회사가 행하는 방법이다. 매상을 늘리기 위해서 무턱대고 할인판매를 하는데, 그것으로는 돈을 벌 수가 없다.

예를 들어 가격이 10,000원(원가 7,000원)인 상품을, 세일즈맨 A는 할인 없이 500개 팔고, B는 할인하여 8,000원으로 1000개 팔았다고 하자. A의 매상은 500만 원, B의 매상은 800만 원이 된다. 이러한 경우, 매상을 늘리는 것을 목표로 한다면 B쪽을 높게 평가하게 된다. 그러나 어느 쪽이 이익의 획득에 공헌하고 있는가 하면 분명히 A쪽이다.

할인판매를 하면 확실히 매상은 증가하지만 돈벌이는 적어진다. 따라서 할인판매를 될 수 있는 대로 줄이도록 노력할 필요가 있다.

그러기 위해서는 우선 회사의 목표 내지 세일즈맨의 실적 평가를 매상이 아닌 이익(보다 바람직하게는 영업 현금흐름)으로 해야 한다.

89

고객카드를 작성하라

고객과의 관계를 강화하려면 고객카드가 도움이 된다. 카드에 축적된 데이터를 기초로 치밀한 대응을 할 수 있다.

기존 고객과의 이어짐을 강화시킨다

매상을 늘리려면 상품의 단가를 올리든가 판매수량을 늘리지 않으면 안 된다. 그렇다고는 해도 가격을 올리는 것은 그렇게 간단하게는 할 수 없기 때문에 매상을 늘리려면 판매수량을 늘릴 수밖에 없다. 그러기 위해서는 이미 거래가 있는 고객에 대한 판매수량을 늘리든지, 신규고객을 개척하지 않으면 안 된다.

신규고객의 개척 방법은 제8장 92 이후에 설명하겠는데, 여기서는 기존 고객과의 관계를 강화하여 판매수량을 늘리는 방법을 생각해 보자.

고객과의 관계를 강화하기 위해서 도움이 되는 것이 고객 카드의 작성이다. 카드에 고객 한 사람 한 사람의 데이터를 축적하여 그 데이터에 따른 상품제공, 판매방법을 생각한다. 고객카드에는 성명, 연령, 주소, 전화번호 등의 기본적인 데이터뿐만 아니라 거래 이력과 개인적인 기호·취미 등을 기재해 둔다. 그리고 각각의 고객 취향에 따른 상품정보를 제공하거나 이벤트를 기획하거나 하는 판촉활동을 실시하자. 고객 한 사람 한 사람의 기호나 필요에 따른 대응을 취하는 것이 고객과의 관계를 깊게 하는 것으로 이어진다.

90

상위 20%의
다량 구매고객에게 팔아라

기존 고객에 대한 매상을 늘리려면, B랭크나 C랭크의 고객보다 A랭크의 고객에게 타깃을 맞추는 것이 좋다(20%는 대략적인 기준).

파레토의 법칙(80 대 20의 법칙)을 응용

　기존 고객에 대한 매상을 늘리기 위해 도움이 되는 것이 고객의 ABC 분석이다. 제4장 38에서 재고의 ABC 분석에 대하여 설명했는데, 이것은 판매정책에 대해서도 들어맞는다. 일반적으로 말하면 상위 20%의 다량 구매고객에 대한 매상이 회사의 매상 전체의 80%를 차지하고 있다. 그래서 기존의 고객으로부터 매상을 효율적으로 늘리기 위해서는 상위의 다량 구매고객에 타깃을 맞추어 판촉활동을 실시해야 한다.

　우선 고객의 ABC 분석을 실시하여 각각 A랭크, B랭크, C 랭크로 분류해 보자. 그리고 A랭크의 고객에 대해 매상을 늘리기 위한 구체적인 방법을 생각해 보자. 다만 동시에 B 랭크의 고객을 A랭크으로 끌어올릴 수 있는지의 여부도 차분히 검토할 필요가 있다는 것은 말할 나위도 없다.

　덧붙여 말하면, 상품의 종류별로 초점을 맞추어 생각하면 B랭크나 C랭크의 상품을 팔려고 하는 것보다도 A랭크의 전략상품 판매에 집중하는 편이 효율적으로 매상을 늘릴 수 있다. A랭크의 고객에게 A랭크의 상품을 판매하는 것이 가장 효율적인 방법이라고 할 수 있겠다.

91

고객을 확보하는 정보지를 발행하라

정보지(사보, 회보잡지)로 유익한 정보를 제공함으로써 고객, 특히 신규고객이나 예상고객을 확보할 수 있다.

엽서를 정기적으로 보내는 것만이라도 좋다

한 번은 거래가 있었지만 그 한 번의 거래로 끝나는 고객도 적지 않다. 또 문의라든지 자료청구는 있지만 좀처럼 계약에 도달하지 않는 예상고객도 많을 것이다.

이러한 고객을 단골고객으로 하기 위해 정보지(사보, 회보잡지)를 발행하는 방법이 있다. 예를 들어 회계 사무소나 보험 사무소 등에서는 세무나 보험 등 경영에 도움이 되는 정보를 담은 소식지를 고객이나 예상고객에게 보내고 있다. 이것을 응용하자.

정보지라고 하면 과장되게 생각할 수도 있지만 엽서나 메일 매거진을 정기적으로 보내는 것만이라도 괜찮다. 흔히, 처음으로 찾아온 고객에게 사례의 편지나 엽서를 보내는 가게가 있는데, 그 때 한 번만으로 끝내 버릴 것이 아니라 정기적으로 계속 보내는 것이 중요하다. 물론 기존 고객과의 관계를 보다 긴밀히 하기 위해서도 도움이 된다.

또한 홈페이지를 관리하며 회원으로 가입된 고객에게 정기적으로 e-mail 소식지를 보내는 것도 좋은 방법이다.

단순한 세일즈라고 간주한다면 효과는 반감된다. 어디까지나 고객에 대해 감사하는 마음을 전하는 것, 그리고 받은 사람에게 도움이 되는 정보를 제공하는 것이 중요하다.

92

항상
신규고객을 개척하라

회사가 성장하려면 신규고객을 늘려야 한다. 불황기는 신규고객을 개척할 수 있는 기회라고
생각하여 적극적으로 신규개척에 임하자.

지금이야말로 신규개척의 찬스

미래를 바라보며 회사가 성장해 가기 위해서는 신규고객의 개척을 빠뜨릴 수 없다. 그러나 실제로는 신규고객 개척을 적극적으로 하는 회사가 많지 않은 듯 하다.

그 원인은, 경영자가 아무리 신규개척의 중요성을 강조해도 세일즈맨은 신규고객의 개척은 하고 싶지 않기 때문이다. 왜냐하면 세일즈맨에게 있어서 매상의 할당량이나 목표를 달성하려면 신규고객을 개척하는 것보다도 기존 고객에게 판매하는 편이 훨씬 더 편하고 효율적이기 때문이다.

세일즈맨이 신규개척에 시간을 들여도 자신의 실적으로 이어질지 어떨 지는 알 수 없다. 세일즈맨에게 있어서 신규개척은 '노고는 많고 이익은 적다'는 것이다. 그러니까 경영자로서도 매상이 오르고 있으면 신규개척에 힘을 쓰도록 지시하기 어려운 면이 있다.

그러나 불황과 경쟁이 심화되면서 종래부터의 거래처를 재검토하여 새로운 상품이나 서비스를 공급해 주는 거래처를 적극적으로 찾는 기업이 늘어나고 있다. 불황과 경쟁시대는 신규고객을 개척할 수 있는 기회이기도 하다. 지금이야말로, 회사 전체가 나서서 신규개척에 임해야 할 것이다.

93

신규개척은 세일즈맨에게 맡기기만 해서는 안 된다

신규개척은 세일즈맨에게 맡기기만 해서는 안 된다. 회사는 세일즈맨에게 행동으로 실천하게 하는 구조나 제도를 만들어야 한다.

경영자 스스로 임하는 것도 필요

앞 항에서 말한 것처럼 세일즈맨은 신규개척에 적극적이지 않다. 신규고객을 개척하기 위해서는 세일즈맨 개인의 자주성에만 맡길 것이 아니라 회사로서 신규개척에 임하여 새로운 고객을 확보하기 위한 구조·제도를 만들지 않으면 안 된다. 바꿔 말하면 세일즈맨에게 행동으로 실천하게 하는 구조를 만드는 것이다.

가령, 신규개척 전문 부문을 마련하거나 한 달에 며칠 정도는 신규개척만을 실시하는 날을 마련하여 영업담당 임원을 비롯하여 모든 세일즈맨이 신규개척을 진행시키는 방법을 쓰는 회사도 있다.

다음과 같은 방식으로 신규개척을 해보자.

판매목표를 세운다

이것은 신규개척에 의한 매상목표를 설정하는 방식이다. 가령, 회사 전체의 매상 중 1%는 신규고객에게 판매하는 것으로 하고 그것을 각 세일즈맨에게 할당한다. 구체적인 숫자, 금액으로 목표가 나타나므로 세일즈맨이 행동화하지 않을 수 없게 된다.

신규개척의 평가 비중을 높게 한다

단순한 매상만으로 세일즈맨의 실적을 평가하면 당연히 신규개척에 힘을 들이지 않게 된다. 그러므로 신규고객을 개척했을 경우에는 그 실적을 높게 평가하는 구조를 만들어 두면 좋을 것이다. 신규개척이 높이 평가된다면 세일즈맨도 적극적으로 착수하게 될 것이다.

경영자가 신규고객을 개척한다

사장이 스스로 신규고객의 개척에 임하는 일도 효과적이다. 사장 스스로가 실천하면 모든 사원이 그 필요성을 인식한다. 영업 부문은 물론, 회사 전체에 신규개척의 중요성을 인식시킬 수 있다.

전 사원 영업부 체제를 도입한다

어떤 사람이나 그 사람 나름의 인맥이나 정보를 가지고 있을 것이다. 그 정보나 인맥을 영업부문에 제공하는 제도를 만든다. 혹은 세일즈맨 이외의 사람이 그 인맥이나 정보를 활용하여 영업활동을 실시함으로써 신규고객을 개척하는 방법도 생각할 수 있다.

 **신규개척을 진행시키는 구조란?**

1 신규개척에 의한 매상목표를 설정한다.

2 신규개척의 평가비중을 높인다.

3 경영자가 신규개척에 임한다.

4 전 사원 영업부 체제를 도입한다.

전 사원

영업부 체제를 도입하라

94

전 사원 영업부 체제에는 본래의 목적인 매상 상승 이외에도 메리트가 있다. 팔리지 않는 시대를 극복하기 위해서 도입을 검토해 보자.

전 사원 영업부 체제란?

팔리지 않는 시대에 매상을 늘리는 방법으로서 영업을 세일즈맨에게만 맡기는 것이 아니라, 모든 사원이 영업활동에 임하는 전 사원 영업부 체제를 도입하는 방법이 있다.

전 사원 영업부 체제에는 사원이 영업활동에 관련되는 정도에 의해 두 가지 방법을 생각할 수 있다.

모든 사원으로부터 정보를 모은다

첫 번째 방법은, 모든 사원이 영업활동에 도움이 되는 정보를 수집하고 제공하는 구조를 만든다는 방식이다.

영업부문만의 정보수집에는 한계가 있기 때문에 모든 사원이 정보를 수집하여 영업부문에 제공한다. 어떤 사원에게나 개인적인 인맥이나 연줄이 있고, 각각의 업무를 통해 어떤 정보를 입수하기도 한다. 그것을 재빨리 제공받아 영업에 유용하게 쓴다.

덧붙여 말하면, 이 구조가 효과 있게 운영되려면 정보 제공자에게 보상금을 지급하는 등의 인센티브를 작용시키면 좋을 것이다.

모든 사원이 실제로 영업한다

두 번째는 실제의 영업활동을 모든 사원이 실시한다는 것이다.

가령, 매월 5일과 15일은 영업의 날로 결정한다든지, 모든 사원이 1년 중 2주간은 영업활동을 실시하는 하는 방법이다.

상품, 서비스의 개선으로도 이어진다

영업경험이 없는 사원에게 영업활동을 시키는 것에 불안감이 있을 지도 모르지만, 가령 루트 세일즈라면 경험이 없는 사원이라도 그 나름대로 해낼 수 있을 것이다.

또 제조부문이나 관리부문의 사원이 고객과 직접 대화하여 그 육성을 들을 수 있으므로 상품이나 서비스의 개선, 높은 고객만족의 실현으로 이어질 것이다.

그것만이 아니다. 모든 사원이 영업활동에 임함으로써 세일즈맨이 루틴 워크로부터 해방되면, 그 시간을 신규고객의 개척에 쓸 수도 있을 것이다.

※루트 세일즈(route sales)란?

이미 거래실적이 있는 기업에 대한 영업에서 사용되는 말로, 신규개척 영업과 대비적으로 이용된다. 대체로 정기적으로 단골 거래처를 방문하여 판매활동을 하기 때문에 '정시 순회 판매' 라고도 한다.

전 사원 영업부 체제의 메리트란?

1 영업부만으로는 수집할 수 없는 정보를 입수할 수 있다.

2 고객의 육성(생생한 의견)을 들음으로써 상품이나 서비스의 개선을 할 수 있다.

3 세일즈맨이 신규개척에 임하는 시간적 여유가 생겨난다.

95

경영자
스스로가 영업하라

폭넓은 인맥을 살릴 수 있는 경영자가 스스로 영업을 하는 것은 메리트가 많다. 특히 신규고객의 개척에는 경영자가 적임이라고 말할 수 있다.

경영자의 인맥, 직함을 살린다

회사를 창업한 지 얼마 안 될 무렵이나, 아직 규모가 작을 때에는 당연히 경영자 스스로가 신규고객 개척을 하여 영업활동을 실시한다. 그런데 규모가 커져서 세일즈맨의 수가 많아지면 경영자는 점점 영업으로부터 멀어져 간다.

그러나 물건이 팔리지 않는 무한 경쟁시대에 매상을 늘리려면 경영자의 영업활동은 빠뜨릴 수 없다. 경영자 스스로가 영업에 임하는 데에는 수많은 메리트가 있다.

우선 경영자가 솔선하여 움직이면 사원들도 힘이 난다. 반대로, 입으로는 "신규고객을 개척하라"라든지 "전 사원 영업 체제"라고 하면서 경영자가 아무것도 하지 않고 있으면 사원도 의욕이 생기지 않는다. 경영자는 사원의 귀감이다. 경영자의 모습을 보고 성장하는가 하면 무능력하게 되기도 한다.

또 신규고객의 개척에는 경영자가 가장 적임자이다. 신규개척의 성공 비율이 가장 높은 것은 사람을 통해 소개받았을 경우이다. 당연히 경영자이면 일을 해온 경험도 오래되고, 각종 스터디 그룹, 타업종과의 교류, 회합 등에 참가할 기회가 많기 때문에 일반 사원보다 훨씬 더 풍부한 인맥을 가지고 있다. 그러한 인맥을 신규개척에 살리는 것이다.

게다가 경영자의 직함이 있으면, 영업하러 갈 때 이야기도 들어주지 않은 채 문전 박대 당하는 일도 없고, 교섭이 난항을 겪었을 때도 경영자의 직함이 문제를 해결하는 힘을 발휘하기도 한다. 이러한 경영자만이 가능한 장점을 살리는 것이 중요하다.

사내의 긴장에도 좋은 효과 있음

또 모처럼 세일즈맨이 상담을 진행시키고 있어도 제조부문과의 납기나 가격의 조정 등이 잘되지 않아 수주로 이어지지 않는 경우도 있다. 이런 때에 제조 현장을 숙지한 경영자가 상대라면 제조부문은 어떤 노력도 하지 않은 채 "못한다"라고만 말할 수는 없을 것이다.

　사내를 좋은 의미로 긴장시키기 위해서도, 사외와의 교섭을 유리하게 진행하기 위해서도 꼭 경영자 스스로가 영업활동에 임하자.

 **톱 세일즈의 메리트란?**

1 인맥을 살려 신규개척을 할 수 있다.

2 모든 사원에게 영업의 중요성을 인식시킬 수 있다.

3 경영자의 직함을 살려 교섭, 세일즈를 할 수 있다.

※ **톱(top) 세일즈** : 경영자가 영업을 하는 것

대리점 · 판매점에 사계끔 하라

직판의 경우, 점포 유지나 인력에 많은 비용이 든다. 그 때문에 작은 회사는 대리점 판매가 유리하다고 할 수 있다.

판매의 아웃소싱

상품판매 방법에는 크게 나누어 직판(고객에게 직접 판매하는 방법)과 대리점 판매(대리점 · 판매점 경유로 판매하는 방법)의 두 가지 방법이 있다. 이 가운데 직판이면 대리점이나 판매점에 수수료를 지불할 필요가 없기 때문에 총이익 베이스로 생각하면 직판 쪽이 돈을 버는 판매 방법이라고 생각할 수 있다. 그러나 직판이 되면 점포를 빌리기 위한 비용은 물론, 판매원이나 세일즈맨의 인건비, 광고 선전비 등의 막대한 비용이 든다. 그 때문에 작은 회사에서는 영업이익 베이스로 생각하면 실은 대리점 판매 쪽이 돈을 벌 수 있다.

　대리점이나 판매점을 찾는 것은 의외로 간단하다. 비즈니스 정보지 등에 대리점 모집, 판매점 모집의 광고를 내면 문의·응모가 들어온다. 대리점 모집 설명회에 참가한 경험이 있는 사람은 알겠지만 이런 설명회장에는 다수의 사람들이 참가하고 있다. 특히 현재처럼 상품이 팔리지 않는 시대에는 팔리는 상품이나 돈 벌이의 재료를 찾는 사람이 많이 있다. 그 외에 생명보험이나 손해보험 등 기존의 판매루트에 실어 팔게 하는 방법도 생각할 수 있다.

97

인터넷을 통해서 판매하라

인터넷을 이용한 통신판매 시장이 크게 성장하고 있다. 비용도 별로 들지 않는 인터넷에서의 판매를 검토하자.

저비용으로 선전·판매할 수 있다

불과 몇 년 전까지만 해도 인터넷상에 홈페이지를 가진 기업은 그리 많지 않았다. 그러나 지금은 대부분의 회사가 홈페이지를 개설하고 있고 인터넷은 비즈니스에 꼭 필요한 도구가 되고 있다.

홈페이지를 개설하면 전국은 물론 전 세계에 회사와 상품의 PR을 할 수 있다. 홈페이지의 메리트는 뭐니뭐니해도 저비용이다. 잡지나 신문광고, 전화번호부 광고, 다이렉트 메일 등과 비교하면 극히 저비용으로 해결된다. 가령, 잡지나 신문광고는 매번 수백만 원의 금액이 들지만 홈페이지는 한

번 개설하면 그 다음은 유지 비용만으로 선전 · 광고를 계속
할 수 있다.

또 선전 · 광고만이 아니라 판매의 도구로서도 대단히 유
효하다. 인터넷을 이용한 통신판매 시장은 크게 성장하고
있다. 소매업 등 통신판매가 가능한 회사는 즉시 인터넷 판
매를 생각하자. 인터넷상의 쇼핑몰에 가게를 내는 방법도
있으므로 검토하면 좋을 것이다.

Key Point

결산을 흑자로 이끌기 위한
아이디어

3편

적자대책의

방식·사고방식

12가지의 아이디어를 활용하자!

적자대책의 방식 · 사고방식

98

이익은 만들어 낼 수 있다는 것을 알아라

매상은 많고 비용은 적어지도록 회계처리를 궁리하면 이익을 만들 수 있다. 다만 부정한 처리를 해서는 안 된다.

어디까지나 합법적인 방법을 취할 것

제8장까지의 아이디어는 회사의 체질을 개선하여 이익, 그것도 자금의 뒷받침이 있는 이익을 내기 위한 것이었다. 이러한 아이디어를 실행해 가면 돈을 버는 체질이 되는데 이에는 다소 시간이 걸린다.

그러나 회사를 경영하고 있으면 대외적인 신용을 유지하기 위해 아무래도 급하게 이익을 염출하여 결산을 흑자로 유도해야 할 때도 있다. 가령, 금융기관으로부터 융자를 받는 경우, 입찰자격 심사에서 흑자가 요구될 경우, 이월 결손금을 다 사용하고 싶은 경우, 거래처와의 거래를 계속하고 싶은 경우 등이다. 이러한 경우에는 회계처리 방법을 궁리함으로써 이익을 만들어 낼 수 있다는 것을 기억해 두자.

그렇다고는 해도 무리하게 이익을 염출하려고 하여 부정한 경리조작을 하거나 분식결산을 하는 것은 당치도 않다. 어디까지나 합법적인 방법으로 회계 처리를 궁리하여 이익을 만들어 내자.

그 구체적인 방법에 대해서는 다음 항 이후에 설명하는데, 여기서 소개하는 아이디어는 어디까지나 결산을 잘 마무리하기 위한 일시적인 대책이다. 그렇다고 해서 '임기응변으로 눈앞의 결산을 마무리할 수 있으면 된다' 는 따위로 생각해서는 안 된다. 돈을 버는 회사로 바꾸기 위해서는 충실한 체질개선을 빠뜨릴 수 없다는 것을 잊지 말자.

덧붙여 말하면, 이익은 매상에서 비용을 빼서 계산한다. 따라서 이익을 만들어 내기 위해서는 매상을 늘리든지, 비용을 줄임으로써 대응할 수밖에 없다.

 결산대책의 목적과 방식

1 결산대책의 목적

- 융자를 받기 위해
- 입찰자격 심사에 통과하기 위해
- 이월 결손금을 다 사용하기 위해
- 거래처와의 관계를 유지하기 위해

2 결산대책의 방식

$$이익 = 수익 - 비용$$

수익 : 매상이 가능한 한 많아지도록 회계 처리를 실시한다.

비용 : 비용이 가능한 한 적어지도록 회계 처리를 실시한다.

부정한 경리조작이나 분식결산을 하는 것이 아니라, 합법적인 회계처리를 행하여 이익을 염출하는 것이 중요하다.

99

매상의 계상시기를 앞당겨라

합법적으로 매상을 늘리려면 매상의 계상시기를 앞당기면 된다. 매상의 계상시기가 가장 빨라지도록 출하기준을 재검토하자.

매상의 계상시기를 빨리 히여 매상을 늘린다

앞 항에서 서술한 것처럼, 이익을 염출하기 위해서는 우선, 기(期) 중의 매상을 늘리는 것이다. 그렇다고 해도 가공매상을 계상할 수는 없다. 이래서는 분식결산이 된다. 그래서 합법적으로 매상을 늘리는 방법으로서 매상의 계상시기를 앞당기는 것을 생각할 수 있다.

우선 매상의 계상 기준을 재검토하자. 상품의 판매 등 물건의 인도가 있는 경우의 매상은 상대에게 상품을 인도했을 때에 계상하도록 되어 있다. 인도했을 때란 ① 출하했을 때, ② 상대편이 검수(檢收)했을 때를 말하며 ① 을 출하 기준,

②를 검수 기준이라고 하다.

　나아가 ①의 '출하했을 때'란 상품 등을 공장이나 창고로부터 팔았을 때, 상품 등을 트럭에 실었을 때, 단골 거래처에 상품 등을 납품했을 때의 세 가지로 나눌 수 있다. 그러므로 매상을 가장 빨리 계상하기 위해서는 ①의 출하 기준을 채용하고, 상품 등을 공장이나 창고로부터 팔았을 때 매상을 계상하면 좋다는 식이 된다.

　다만 매상의 계상 기준을 변경했을 경우는, 그 후에도 계속 그 기준을 적용할 필요가 있다. 세무조사에서는 매상에 대하여 엄하게 점검하기 때문에 경리규정 등도 변경해 두자.

위탁판매에서는 수탁자 판매기준을 채용한다

　다음으로 위탁판매를 하는 경우에 대하여 생각해 보자. 위탁판매란 상품 등의 판매를 남(수탁자)에게 위탁하여 수탁자에게 판매 수수료를 지불하는 방법이다. 수탁자는 판매에 필요한 비용을 대신 지불하고, 판매가 끝난 후에 매상 계산서를 작성하여 매상대금으로부터 대신 지불한 비용과 수수료를 공제한 금액을 위탁자에게 송금한다.

위탁판매에서는 수탁자가 위탁품을 판매한 날에 매상을 계상하는 수탁자 판매 기준과 매상 계산서를 받은 날에 매상을 계상하는 매상 계산서 도달일 기준(매상 때마다 매상 계산서를 송부하는 것이 조건)의 두 가지가 있는데, 수탁자 판매 기준 쪽이 매상의 계상시기는 빨라진다.

매상의 계상 기준을 출하 기준으로 변경하면?

(예) 3월 말 결산하는 회사가 3월 30일에 상품을 출하하여 거래처가 4월 1일에 검수했을 경우

계상 기준	매상 계상일	이익은?
출하 기준	3월 30일	이번 기의 이익이 된다
검수 기준	4월 1일	다음 기의 이익이 된다

계상 기준을 변경함으로써
매상의 계상시기를 앞당길 수 있다.

100

상품 · 제품의
출하시기를 앞당겨라

상품의 출하시기를 앞당기는 것으로도 매상을 늘릴 수 있다. 거래처의 협력을 얻어서 다음 기에 출하예정인 상품을 이번 기 중에 출하하자.

예정을 앞당겨 이번 기 중에 출하한다

기(期) 중의 매상을 늘리는 방법 중의 하나가 상품 · 제품의 출하시기를 앞당기는 것이다.

앞 항에서 설명한 것처럼 매상의 계상 기준으로서 출하기준을 채용하면 상품을 출하했을 때 매상을 계상할 수 있다. 그러므로 본래는 다음 기에 출하예정이었던 상품을 거래처로부터 협력을 얻어 이번 기 중에 출하한다. 그러면 그 상품에 대해서는 이번 기의 매상으로 계상할 수 있다.

가령, 결산일이 3월 31일인 회사의 경우를 생각해 보자. 어느 상품의 출하예정이 4월 5일이었다고 하자. 거래처의 협력을 얻어서 이 상품의 출하일을 3월 중으로 변경할 수 있으면, 원래는 다음 기의 매상이 되어야 할 물건을 이번 기의 매상으로서 계상할 수 있다. 다만 이번 기 중에 출하했다고 하는 전표 조작만을 하여 실제 출하가 다음 기인 경우는 그 매상은 다음 기의 것이 된다.

덧붙여 말하면, 거래처의 사정 등으로 위탁받은 재고로서 상품을 자사 창고에 보관하는 경우가 있는데, 상대편으로부터의 주문표를 증거로 보관해 두는 식으로 하면 이번 기의 매상으로서 문제는 없다.

101

견적매가는 조금 높게, 견적원가는 조금 낮게 설정하라

견적매가를 조금 높게 계상하면 매상이 커지고, 견적원가를 조금 낮게 계상하면 구입금액이 작아지므로 이익을 늘릴 수 있다.

차액은 다음 기에 수정하면 된다

단골 거래처에 상품이나 제품의 인도를 끝내거나 혹은 하청 받은 공사 등이 완료되었어도 판매가액이나 공사대금이 확정되지 않는 경우도 있다. 그러나 결산을 맞이하여 매가가 확정되지 않았을 때에는 상황에 따라 매가를 적정하게 견적하여 매상을 계상하지 않으면 안 된다.

다음 사업연도가 되어 견적의 매가와 확정한 매가가 달라졌을 때에는 그 확정한 사업연도에 견적매가와 확정매가의 차액을 수정하게 된다. 전기로 거슬러 올라가 매가를 수정할 필요는 없다. 그래서 견적매가를 조금 높게 설정하여 매상에 계상해 두면 매상이 커진다는 것이다.

또 매상원가가 되어야 할 비용이 결산일까지 확정되지 않았을 때에는 그 비용을 견적하여 계상하게 되어 있다. 이 경우에도 견적하여 계상한 구입금액과 확정한 구입금액과의 차액은 다음 사업연도의 손익에 계상하게 된다.

따라서 구입가격이 확정되지 않았을 때에는 구입가격을 조금 낮게 설정해 두면 구입금액이 작아져서 이익이 많아진다는 것이다.

102

매상할인·반품은
다음 기에 받아 들여라

매상할인이나 반품 등은 그 사실이 있었던 사업연도에 계상한다. 그것을 받아들이는 시기를 다음 기로 하면 매상을 감소시키지 않아도 된다.

매상의 공제항목은 다음 기에 처리하자

매상할인이나 반품, 계약의 해제 또는 취소가 있었을 경우에는 당연히 손실로서 계상하게 되는데 그 계상시기는 이러한 사실이 있었던 사업연도에 계상하면 좋다. 예를 들어 이번 기의 매상이 된 상품이 다음 사업연도가 되어 할인되거나 혹은 반품을 받게 되었을 경우 그 처리는 다음 사업연도로 하게 되므로 당초의 매상과 대응시켜 당기의 손실로서 처리할 필요는 없다.

따라서 매상할인이나 반품이 많이 발생하는 회사에서는 그것을 받아들이는 시기를 다음 사업연도로 하면 기 중의 매상감소를 줄이고 이익을 만들어 낼 수 있다. 마찬가지로 계약의 해지나 취소에 대해서도 가능한 한 다음 사업연도에 받아들이도록 하면 좋을 것이다.

또 많은 회사에서는 판매촉진을 위해 매상 리베이트를 실시하고 있다. 이것은 고액 혹은 다량의 거래를 한 거래처에 대해서 매상 대금을 되돌려 주는 것이다. 이 매상 리베이트도 가능한 한 다음 사업연도의 비용이 되도록 하자.

매상 리베이트의 산정 기준이 판매가액 또는 판매량을 기준으로 하고 있고 그 산정 기준이 상대방에게 명시된 경우에는 상품 등을 판매한 사업연도에 계상하는 것이 원칙이지만, 상대에게 통지한 날 또는 지불한 날에 계상할 수도 있다. 그래서 기말 무렵의 거래로 매상 리베이트를 행할 때에는 가능한 한 다음 사업연도가 된 다음에 하도록 하면 좋을 것이다.

매상공제 항목의 계상시기는?

	계상 시기		포인트
매상할인	상대와의 사이에 확정한 날		단골 거래처의 협력을 얻어 다음 기에 계상할 수 있도록 처리한다.
매상반품	반품으로서 실제로 인수한 날		
계약의 해제 또는 취소	그 사실이 있던 날		
※ 매상 리베이트	원 칙	상품 등을 판매한 사업연도	다음 기에 통지 또는 지불을 하고 그 때 계상한다.
	예 외	상대방에게 통지 또는 지불을 한 날	

※ 산정기준이 판매가격 또는 판매수량에 근거하고 있어 그 기준이 상대방에게 명시되고 있을 것

> 매상할인·반품 등은 원래의 매상이 언제 있었는가에 관계없이 그 사실이 있었던 날에 처리한다. 그 때문에 그것을 받아들이는 시기를 다음 기로 하면 좋다.

임원보수를 줄여라

사원의 월급은 간단하게 줄일 수 없지만 임원보수는 이사회의 결의가 있으면 줄일 수 있다.
임원보수를 줄여서 이익을 확보하자.

임원보수의 지불은 줄여도 괜찮다

인건비는 비용 중에서 가장 큰 비중을 차지하는 항목으로 비용삭감에 가장 효과가 있는 것은 인건비의 삭감이다. 다만 일반 사원의 월급은 고용계약에 근거해 지불하는 것이므로 함부로 줄일 수는 없고 할 수 있다고 해도 시간이 걸린다.

그러나 임원에 대한 임원보수는 위임계약에 근거하여 지불하는 것이므로 일정한 절차를 거치면 곧바로 줄일 수 있다. 회사의 실적이 나쁘면 임원보수는 당연히 줄이는 것으로 생각된다.

임원보수의 감액(또는 증액) 절차는 임원보수의 지불에 관한 회사의 규정이 어떻게 되어 있느냐에 따라 다르지만 일반적으로는 임원의 동의와 이사회의 결의가 있으면 줄일 수 있다.

덧붙여 말하면, 이미 지급 시기가 도래하여 미불 계상된 임원보수에 대해서는 미불 임원보수 그 자체를 취소하는 것이 아니라 미불금에 대하여 채무 면제익을 계상하게 된다. 그리고 그 미불 임원보수의 지불이 있었던 것으로 하여 원천징수하는 것이 원칙이다.

104

감가상각비의
계상을 보류하라

세법상 감가상각을 계상할 지 어떨 지는 회사의 판단에 맡겨지고 있다. 그 때문에 감가상각비의 계상을 보류하면 이익을 염출할 수 있다.

융자를 받을 때는 주의

감가상각이란 건물이나 기계 등 장기간 사용하는 고정자산의 취득가액을 그 내구 연수에 걸쳐 비용화하는 것을 말한다. 따라서 감가상각비는 본래 기마다 일정한 방법에 의해 계속 계상해야 하는 것이다.

일본의 경우 법인세법상의 규정에서는 감가상각비의 계상은 강제되고 있지 않다. 세법으로 결정되어 있는 것은 어디까지 세법상의 비용으로서 인정되는가 하는 상각한도액뿐이다. 즉 감가상각비를 계상할 지, 얼마를 계상할 지는 회사의 자유의사에 맡기고 있다.

따라서 감가상각비의 계상을 보류하면 이익을 염출할 수 있다. 다만 융자를 받을 경우 등에 감가상각비의 계상을 제로로 하면, 융자 담당자는 이익을 내기 위해 감가상각비의 계상을 그만둔 것임을 금방 안다. 그래서 이러한 경우에는 최저한의 금액만 감가상각비를 계상해 두는 것도 생각할 수 있다.

덧붙여 말하면, 회사의 경우와 달리 개인 사업자에 대해서는 소득세법에 의해 감가상각비의 계상이 강제되고 있기 때문에 주의해야 한다.

순연자산의 상각을 그만두어라

105

세법상 순연자산의 상각을 할 지 어떨 지는 회사의 판단에 맡겨지고 있다. 그 때문에 상각을 보류하면 이익을 염출할 수 있다.

순연자산의 상각도 회사의 내부계산에 지나지 않는다

회사가 지출하는 비용 가운데에 지출효과가 그 지출한 날 이후 1년 이상에 이르는 것을 순연자산이라고 한다(다만 고정자산 및 선불비용이 되는 것은 제외한다). 순연자산에 대해서도 고정자산의 감가상각비와 마찬가지로, 회사가 상각한 금액 중 세법상의 상각 한도액의 범위 내에서 손실금으로서 인정하게 되어 있다. 상각할 지 어떨 지는 회사의 자유의사에 맡기고 있다.

그런데 순연자산에는 상법상의 순연자산과 세법 독자적인 순연자산이 있다. 이 가운데 상법상의 순연자산(사채 발행 잔금을 제외함)에 대해서는 수시로 상각이 인정되고 있다. 즉 언제 얼마를 상각해도 상관없다.

따라서 설립비용 등은 창업비로서 순연자산에 계상해 두자. 실적이 나빠 상각하지 않고 그대로 두면 이익을 염출할 수 있고 이익이 나왔을 때에 전액 상각하여 절세를 꾀할 수도 있다.

한편, 세법 독자적인 순연자산 및 사채 발행 잔금에 대해서는 지출효과가 미치는 기간을 기초로 하여 균등액 이내를 상각하게 된다. 따라서 상각하지 않아도 괜찮다.

106

교제비 등은 개인 부담으로 하라

회사의 경비로서 처리되는 교제비, 복리 후생비 등을 개인 부담으로 하는 방법도 있다.

임원으로부터의 차입금으로 상쇄해도 괜찮다

회사의 경비 중에는 개인이 부담해도 이상하지 않은(혹은 개인 부담해야 할) 것도 있다. 가령, 교제비나 복리 후생비 등이다.

접대나 교제를 위한 식대 등은 회사에 따라서는 개인이 부담해야 할 것으로 하여 가능한 한 지불하지 않는 곳도 적지 않다. 또 차입한 사택이 있고 그 사택비용의 일부를 회사에서 부담하는 곳도 있으며, 차입사택 같은 것은 없다고 하는 회사도 있다.

이익을 염출하기 위해 이러한 교제비나 복리 후생비를 일시적으로 개인이 부담하게 하는 방법을 생각할 수 있다. 임원으로부터의 차입금이 있는 경우에는 교제비나 복리 후생비를 그 차입금으로 상쇄하는 것도 검토해 보자.

경제적인 사정 등에 의해 그러한 비용을 개인이 부담할 수 없는 경우에는, 별로 추천할 수 있는 방법은 아니지만, 우선 그 금액만 개인에 대한 대출금이나 가불금으로 처리하는 방식도 생각할 수 있다. 그리고 회사의 실적이 좋아졌을 때 임원보수 내지 월급을 올리고, 상승분과 대출금·가불금으로 상쇄하는 것이다.

선불비용, 소모품을 빠짐없이 계상하라

손해보험이나 집세 등 선불비용으로서 계상할 수 있는 것은 없는지, 자산으로서 계상할 수 있는 소모품은 없는지 점검해 보자.

소모품은 사용한 것만 비용으로 한다

기업활동에서 발생하는 비용은 발생주의로 처리하는 것이 회계처리의 원칙이다.

발생주의란 모든 비용 및 수익을 그 발생한 기간에 올바로 할당되도록 처리하는 것을 말한다.

자동차 보험 등은 통상 보험료를 지불했을 때 그 전액을 비용으로서 처리하고 있다. 3월 결산인 회사가 보험기간 1년인 자동차 보험료 120만 원을 1월에 지불했을 경우, 통상은 120만 원을 그 기의 비용으로서 처리하는데 엄밀하게는 그 기의 비용이 되는 것은 3개월분의 30만 원뿐이며 나머지

90만 원은 차기의 비용이 된다.

그래서 이 90만 원은 비용으로서 처리하는 것이 아니라 선불비용으로서 대차대조표에 계상해 둔다. 그러면 이 몫만큼 비용이 적어져서 이익을 염출할 수 있는데 회계상 이것이 본래의 올바른 처리 방법이다.

또 집세에 대해서는 통상 다음 달 분의 집세를 당월 말에 지불하고 있을 것이다. 결산월에 다음 달 분의 집세를 지불하고 있으면, 그 집세는 본래 차기의 비용이므로 그 기의 비용이 아니라 선불비용으로 계상해 둔다.

손해 보험료와 집세 외에 차입금 이자, 어음 매각손, 생명보험료, 신용보증료, 잡지 등의 구독료, 각종 회비 및 임대료 등을 지불하고 있으면 선불비용에 계상할 수 있는 가능성이 있으므로 점검해 보자.

또 소모품에 대해서는 기말에 그 재고수량을 확인하여 재고로서 남아 있는 것에 대해서는 자산으로서 계상해 두고 실제로 사용한 것만을 비용으로서 처리하자.

선불비용, 소모품의 계상을 할 수 없는가

	손해 보험료
선불비용	• 손해 보험료 • 집세 • 차입금 이자 • 어음 매각손 • 생명보험료 • 신용보증료 • 잡지 등의 구독료 • 각종 회비 • 각종 임대료
소모품	• 사무용 소모품 · 작업용 소모품 • 포장재료 • 광고 선전용 인쇄물 • 견본품 • 사무복, 작업복

비용으로서 처리한 것 가운데 위의 사항에 해당하는 것이 있으면 자산으로서 계상해 두자.

감춰진 자산가치가 있는 자산을 매각하라

감춰진 자산가치가 있는 자산을 매각하면 자금과 이익을 확보할 수 있다. 또 보험을 해약하면 해약이익을 계상할 수 있다.

매각대금은 차입금의 상환에 사용한다

유가증권, 골프 회원권, 부동산 등에서 감춰진 자산가치가 있는 것이 있으면 이것을 매각하여 이익을 염출하는 방법도 있다. 그러나 이러한 자산을 매각한다고 해도 상대가 있는 것이기에 상장주식 등 이외는 간단히 매각할 수도 없다. 또 사업목적으로 보유하는 자산이면 함부로 매각할 수 없다.

그래서 이러한 경우에는 회사로부터 사장 개인에게 매각한다든지, 관계회사에 매각하는 등의 방법을 생각할 수 있다. 사장이나 관계회사에의 매각이면 자금만 있으면 언제라도 할 수 있고 매각한 다음에도 그 회사에서 실질적으로 이용할 수도 있다.

다만 사장이나 관계회사에 매각한 경우에는, 매각가액이 적정시가가 아니면 세무상의 문제가 생기기 때문에 적정가액을 설정하도록 해야 한다.

또 대차대조표에 보험 적립금이 계상된 경우에는 생명보험의 해약을 검토해 보자. 해약에 의해 해약 반환금이 돌아와 잡수입을 계상할 수 있는 경우도 적지 않다. 이것으로 어느 정도의 이익을 확보할 수 있다.

덧붙여 말하면, 자산 매각이나 보험 해약에 의해 확보한 매각대금이나 해약 반환금은 차입금의 상환에 사용하여 이자 비용을 줄이고 회사의 자금을 늘리는 것이 중요하다.

자산을 매각하여 돈 벌이를 확보한다

유가증권 골프 회원권 부동산의 매각 (자산의 회수)	수익성이 높은 사업에 재투자	➡	기업체의 향상
	차입금의 상환	➡	
	매각이익의 계상	➡	이익의 염출
	해약이익의 계상	➡	
생명보험의 재검토, 해약	보험료의 경감	➡	경비절감

자산의 매각 등에 의해 이익을 염출할 뿐만 아니라, 매각 대금을 활용하여 돈을 버는 체질을 만드는 것이 포인트이다.

채무를
정리하고 이익을 내라

임원으로부터의 차입금이나 미불 임원보수는 면제받아 채무 면제익을 계상한다. 또 장기 미불 채권은 정리하여 잡수입으로 처리하면 좋다.

지불할 필요가 없는 채무는 없는가?

실적이 좋지 않은 작은 회사에서는 임원으로부터의 차입금이라든지 미불 임원보수가 있을 것이다. 이 경우에 이익을 내고 싶다면 그 채무를 면제받아서 채무 면제익을 계상함으로써 간단하게 이익을 만들어 낼 수 있다.

실적이 악화되었다는 것은 경영자의 책임이므로 그 경영 책임을 명확하게 한다는 의미로 채무를 면제 받는다. 경영자로서 책임을 지는 것은 당연한 일이기에 이것은 결코 부자연스러운 경리조작은 아니다.

덧붙여 말하면, 세무상의 이월 결손금이 있는 회사에서 그 이월 결손금을 다 사용할 수 없는 경우에는 채무 면제익을 계상하여 회사의 재무상황을 개선해 두어야 할 것이다. 이것은 형식적 개선에 지나지 않지만 채무초과의 해소나 자기자본 비율의 상승에 도움이 된다.

임원으로부터의 차입금이나 미불 임원보수가 없는 경우에는 임원으로부터 사재(사적 재산)를 제공받아 사재 제공 이익을 계상한다는 방법도 생각할 수 있다.

또 장기 미불 채무라고 하여 회사가 계상하는 미불금이나 지불계정 중에는 지불할 필요가 없어진 것이 남아 있기도 하므로 점검해 보자. 예탁금이나 가수금(假受金)에 지불하지 않아도 되는 것이 계상되고 있기도 하다. 이것들은 잡수입으로 대체하면 이익이 된다.

 ## 채무를 정리하고 이익을 내려면?

1 임원으로부터의 차입금

임원으로부터의 차입금을 면제 받아 채무 면제익을 계상

구분 : 차입금×××／채무 면제익×××

2 미불 임원보수

미불 임원보수를 포기하게 하여 채무 면제익을 계상

구분 : 미불 임원보수×××／채무 면제익×××

3 장기 미불 채무

장기 미불 채무를 정리하고 잡수입으로 대체계정한다.

구분 : 예탁금×××／잡수입×××

임시 수탁금×××／잡수입×××

선입금×××／잡수입×××

미불금×××／잡수입×××

외상대금×××／잡수입×××

임대 대조표의 부채의 부를 점검하여 지불하지 않아도 되는
채무를 정리하면 이익을 염출할 수 있다.

가림출판사 · 가림M&B · 가림Let's에서 나온 책들

문 학

바늘구멍
켄 폴리트 지음 / 홍영의 옮김 / 신국판 / 342쪽 / 5,300원

레베카의 열쇠
켄 폴리트 지음 / 손연숙 옮김 / 신국판 / 492쪽 / 6,800원

암병선
니시무라 쥬코 지음 / 홍영의 옮김 / 신국판 / 300쪽 / 4,800원

첫키스한 얘기 말해도 될까
김정미 외 7명 지음 / 신국판 / 228쪽 / 4,000원

사미인곡 上·中·下
김충호 지음 / 신국판 / 각 권 5,000원

이내의 끝자리
박수완 스님 지음 / 국판변형 / 132쪽 / 3,000원

너는 왜 나에게 다가서야 했는지
김충호 지음 / 국판변형 / 124쪽 / 3,000원

세계의 명언
편집부 엮음 / 신국판 / 322쪽 / 5,000원

여자가 알아야 할 101가지 지혜
제인 아서 엮음 / 지창국 옮김 / 4×6판 / 132쪽 / 5,000원

현명한 사람이 읽는 지혜로운 이야기
이정민 엮음 / 신국판 / 236쪽 / 6,500원

성공적인 표정이 당신을 바꾼다
마츠오 도오루 지음 / 홍영의 옮김 / 신국판 / 240쪽/ 7,500원

태양의 법
오오카와 류우호오 지음 /민병수 옮김 /신국판/246쪽/8,500원

영원의 법
오오카와 류우호오 지음 /민병수 옮김 /신국판/240쪽/8,000원

석가의 본심
오오카와 류우호오 지음 / 민병수 옮김 / 신국판 / 246쪽 / 10,000원

옛 사람들의 재치와 웃음
강형중 · 김경익 편저 / 신국판 / 316쪽 / 8,000원

지혜의 쉼터
쇼펜하우어 지음 / 김충호 엮음 / 4×6판 양장본 / 160쪽 / 4,300원

헤세가 너에게
헤르만 헤세 지음 / 홍영의 엮음 / 4×6판 양장본 / 144쪽 / 4,500원

사랑보다 소중한 삶의 의미
크리슈나무르티 지음 / 최윤영 엮음 / 신국판 / 180쪽 / 4,000원

장자-어찌하여 알 속에 털이 있다 하는가
홍영의 엮음 / 4×6판 / 180쪽 / 4,000원

논어-배우고 때로 익히면 즐겁지 아니한가
신도희 엮음 / 4×6판 / 180쪽 / 4,000원

맹자-가까이 있는데 어찌 먼 데서 구하려 하는가
홍영의 엮음 / 4×6판 / 180쪽 / 4,000원

아름다운 세상을 만드는 사랑의 메시지 365
DuMont monte Verlag 엮음 / 정성호 옮김 /
4×6판 변형 양장본 / 240쪽 / 8,000원

황금의 법
오오카와 류우호오 지음 / 민병수 옮김 / 신국판 / 320쪽 / 12,000원

왜 여자는 바람을 피우는가?
기젤라 룬테 지음 / 김현성 · 진정미 옮김 / 국판 / 200쪽 / 7,000원

건 강

식초건강요법 건강식품연구회 엮음 / 신재용(해성한의원 원장) 감수
가장 쉽게 구할 수 있고 경제적인 식품이면서 상상할 수 없을 정
도로 뛰어난 약효를 지닌 식초의 모든 것을 담은 건강지침서!
신국판 / 224쪽 / 6,000원

아름다운 피부미용법 이순희(한독피부미용학원 원장) 지음
피부조직에 대한 기초 이론과 우리 몸의 생리를 알려줌으로써 아
름다운 피부, 젊은 피부를 오래 유지할 수 있는 비결 제시!
신국판 / 296쪽 / 6,000원

버섯건강요법 김병각 외 6명 지음
종양 억제율 100%에 가까운 96.7%를 나타내는 기적의 약용버섯
등 신비의 버섯을 통하여 암을 치료하고 비만, 당뇨, 고혈압, 동맥
경화 등 각종 성인병 예방을 위한 생활 건강 지침서!
신국판 / 286쪽 / 8,000원

성인병과 암을 정복하는 유기게르마늄
이상현 편저 / 캬오 샤오이 감수
최근 들어 각광을 받고 있는 새로운 치료제인 유기게르마늄을 통
한 성인병, 각종 암의 치료에 대해 상세히 소개.
신국판 / 312쪽 / 9,000원

난치성 피부병 생약효소연구원 지음
현대의학으로도 치유불가능했던 난치성 피부병인 건선 · 아토피
(태열)의 완치요법이 수록된 건강 지침서.　신국판 / 232쪽 / 7,500원

新 방약합편 정도명 편역
자신의 병을 알고 증세에 맞춰 스스로 처방을 할 수 있고 조제할
수 있는 보약 506가지 수록.　신국판 / 416쪽 / 15,000원

자연치료의학 오홍근(신경정신과 의학박사 · 자연의학박사) 지음
대한민국 최초의 자연의학박사가 밝힌 신비의 자연치료의학으로
자연산물을 이용하여 부작용 없이 치료하는 건강 생활 비법 공
개!!　신국판 / 472쪽 / 15,000원

약초의 활용과 가정한방 이인성 지음
주변의 흔한 식물과 약초를 활용하여 각종 질병을 간편하게 예
방 · 치료할 수 있는 비법제시.　신국판 / 384쪽 / 8,500원

역전의학 이시하라 유미 지음 / 유태종 감수
일반상식으로 알고 있는 건강상식에 대해 전혀 새로운 관점에서
비판하고 아울러 새로운 방법들을 제시한 건강 혁명 서적!!
신국판 / 286쪽 / 8,500원

이순희식 순수피부미용법 이순희(한독피부미용학원 원장) 지음
자신의 피부에 맞는 관리법으로 스스로 피부관리를 할 수 있는 방
법을 제시하고 책 속 부록으로 천연팩 재료 사전과 피부 타입별
팩 고르기.　신국판 / 304쪽 / 7,000원

21세기 당뇨병 예방과 치료법 이현철(연세대 의대 내과 교수) 지음
세계 최초 유전자 치료법을 개발한 저자가 당뇨병과 대항하여 가
장 확실하게 이길 수 있는 당뇨병에 대한 올바른 이론과 발병시
대처 방법을 상세히 수록!　신국판 / 360쪽 / 9,500원

신재용의 민의학 동의보감 신재용(해성한의원 원장) 지음
주변의 흔한 먹거리를 이용해 신비의 명약이나 보약으로 활용할
수 있는 건강 지침서로서 저자가 TV나 라디오에서 다 밝히지 못
한 한방 및 민간요법까지 상세히 수록!!　신국판 / 476쪽 / 10,000원

치매 알면 치매 이긴다　배오성(백상한방병원 원장) 지음
B.O.S. 요법으로 뇌세포의 기능을 활성화시키고 엔돌핀의 분비효
과를 극대화시켜 증상에 맞는 한약 처방을 병행하여 치매를 치유
하는 획기적인 치유법 제시.　신국판 / 312쪽 / 10,000원

21세기 건강혁명 밥상 위의 보약 생식　최경순 지음
항암식품으로, 다이어트식으로, 젊고 탄력적인 피부를 유지할 수
있게 해주는 자연식으로의 생식을 소개하여 현대인들의 건강 길
라잡이가 되도록 하였다.　신국판 / 348쪽 / 9,800원

기치유와 기공수련　윤한홍(기치유 연구회 회장) 지음
누구나 노력만 하면 개발할 수 있고 활용할 수 있는 기 수련 방법
과 기치유 개발 방법 소개.　신국판 / 340쪽 / 12,000원

만병의 근원 스트레스 원인과 퇴치　김지혁(김지혁한의원 원장) 지음
만병의 근원인 스트레스를 속속들이 파헤치고 예방법까지 속시원
하게 제시!!　신국판 / 324쪽 / 9,500원

김종성 박사의 뇌졸중 119　김종성 지음
우리나라 사망원인 1위. 뇌졸중 분야의 최고 권위자인 저자가 일
상생활에서의 건강관리부터 환자간호에 이르기까지 뇌졸중의 예
방, 치료법 등 모든 것 수록.　신국판 / 356쪽 / 12,000원

탈모 예방과 모발 클리닉　장정훈 · 전재홍 지음
미용적인 측면과 우리가 일상적으로 고민하고 궁금해 하는 털에
관한 내용들을 다양하고 재미있게 예들을 들어가면서 흥미롭게
풀어간 것이 이 책의 특징.　신국판 / 252쪽 / 8,000원

구태규의 100% 성공 다이어트　구태규 지음
하이틴 영화배우의 다이어트 체험서. 저자만의 다이어트법을 제
시하면서 바람직한 다이어트에 대해서도 알려준다. 건강하게 날
씬해지고 싶은 사람들을 위한 필독서!
4×6배판 변형 / 240쪽 / 9,900원

암 예방과 치료법　이춘기 지음
암환자와 가족들을 위해서 암의 치료방법에서부터 합병증의 예방
및 암이 생기기 전에 알 수 있는 방법에 이르기까지 상세하게 해
설해 놓은 책.　신국판 / 296쪽 / 11,000원

알기 쉬운 위장병 예방과 치료법　민영일 지음
소화기관인 위와 관련 기관들의 여러 질환을 발병 원인, 증상, 치
료법을 중심으로 알기 쉽게 해설해 놓은 건강서.
신국판 / 328쪽 / 9,900원

이온 체내혁명　노보루 야마노이 지음 / 김병관 옮김
새로운 건강관리 이론으로 주목을 받고 있는 음이온을 통해 건강
을 돌볼 수 있는 방법 제시.　신국판 / 272쪽 / 9,500원

어혈과 사혈요법　정지천 지음
침과 부항요법 등을 사용하여 모든 질병을 다스릴 수 방법과 우
리 주변에서 흔하게 접할 수 있는 각 질병의 상황별 처치를 혈자
리 그림과 함께 해설.　신국판 / 308쪽 / 12,000원

약손 경락마사지로 건강미인 만들기　고정환 지음
경락과 민족 고유의 정신 약손을 결합시킨 약손 성형경락 마사지
로 수술하지 않고도 자신이 원하는 부위를 고치는 방법을 제시하
는 건강 미용서.　4×6배판 변형 / 284쪽 / 15,000원

정유정의 LOVE DIET　정유정 지음
널리 알려진 온갖 다이어트 방법으로 살을 빼려고 노력했던 저자
의 고통스러웠던 다이어트 체험담이 실려 있어 지금 살 때문에 고
민하는 사람들이 가슴에 와 닿는 나만의 다이어트 계획을 나름대
로 세울 수 있을 것이다.　4×6배판 변형 / 196쪽 / 10,500원

머리에서 발끝까지 예뻐지는 부분다이어트　신상만 · 김선민 지음
한약을 먹거나 침을 맞아 살을 빼는 방법, 아로마요법을 이용한
다이어트법, 운동을 이용한 부분비만 해소법 등이 실려 있으므로
나에게 맞는 방법을 선택해 날씬하고 예쁜 몸매를 만들 수 있을
것이다.　4×6배판 변형 / 196쪽 / 11,000원

알기 쉬운 심장병 119　박승정 지음
심장병에 관해 심장질환이 생기는 원인, 증상, 치료법을 중심으로

내용을 상세하게 해설해 놓은 건강서.　신국판 / 248쪽 / 9,000원

알기 쉬운 고혈압 119　이정균 지음
생활 속의 고혈압에 관해 일반인들이 관심을 가지고 예방할 수 있
도록 고혈압의 원인, 증상, 합병증 등을 상세하게 해설해 놓은 건
강서.　신국판 / 304쪽 / 10,000원

여성을 위한 부인과질환의 예방과 치료　차선희 지음
남들에게는 말할 수 없는 증상들로 고민하고 있는 여성들을 위해
부인암, 골다공증, 빈혈 등 부인과질환을 원인 및 치료방법을 중
심으로 설명한 여성건강 정보서.　신국판 / 304쪽 / 10,000원

알기 쉬운 아토피 119　이승규 · 임승엽 · 김문호 · 안유일 지음
감기처럼 흔하지만 암만큼 무서운 아토피 피부염의 원인에서부터
증상, 치료방법, 임상사례, 민간요법을 적용한 환자들의 경험담
등 수록.　신국판 / 232쪽 / 9,500원

120세에 도전한다　이권행 지음
아프지 않고 건강하게 오래 살기를 바라는 현대인들에게 우리 체
질에 맞는 식생활습관, 심신 활동, 생활습관, 체질별 · 나이별 양
생법을 소개. 장수하고픈 독자들의 궁금증을 풀어줄 것이다.
신국판 / 308쪽 / 11,000원

건강과 아름다움을 만드는 요가　정판식 지음
책을 보고서 집에서 혼자서도 할 수 있는 요가법 수록. 각종 질병
에 따른 요가 수정체조법도 담았으며, 별책 부록으로 한눈에 보는
요가 차트 수록.　4×6배판 변형 / 224쪽 / 14,000원

우리 아이 건강하고 아름다운 롱다리 만들기　김성훈 지음
키 작은 우리 아이를 롱다리로 만드는 비법공개. 식사습관과 생활
습관만의 변화로도 키를 크게 할 수 있으므로 키 작은 자녀를 둔
부모의 고민을 해결해 준다.　대국전판 / 236쪽 / 10,500원

알기 쉬운 허리디스크 예방과 치료　이종서 지음
전문가들의 의견, 허리병의 치료에서 가장 중요한 운동치료, 허리
디스크와 요통에 관해 언론에서 잘못 소개한 기사나 과장 보도한
기사, 대상이 광범위함으로써 생기고 있는 사이비 의술 및 상업적
인 의술을 시행하는 상업적인 병원 등을 소개함으로써 허리병을
앓고 있는 사람들에게 정확하고 올바른 지식을 전달하고자 하는
길라잡이서.　대국전판 / 336쪽 / 12,000원

소아과 전문의에게 듣는 알기 쉬운 소아과 119
신영규 · 이강우 · 최성항 지음
새내기 엄마, 아빠를 위해 올바른 육아법을 제시하고 각종 질병에
대한 치료법 및 예방법, 응급처치법을 소개.
4×6배판 변형 / 280쪽 / 14,000원

피가 맑아야 건강하게 오래 살 수 있다　김영찬 지음
현대인이 앓고 있는 고혈압, 당뇨병, 심장병 등은 피가 끈끈거리
고 혈관이 너덜거려서 생기는 질병이다. 이러한 성인병을 치료하
려면 식이요법, 생활습관 개선 등을 통해 피를 맑게 해야 한다. 이
책에서는 피를 맑게 하기 위해 필요한 처방, 생활습관 개선법을
한의학적 관점에서 상세하게 설명하고 있다.
신국판 / 256쪽 / 10,000원

웰빙형 피부 미인을 만드는 나만의 셀프 피부건강　양해원 지음
모든 사람들이 관심 있어 하는 피부 관리를 집에서 할 수 있게 해
주는 실용서. 집에서 간단하게 만들 수 있는 화장수, 팩 등을 소개
하여 손안의 미용서 역할을 하고 있다.　대국전판 / 144쪽 / 10,000원

내 몸을 살리는 생활 속의 웰빙 항암 식품　이승남 지음
암=사형 선고라는 고정 관념을 깨자는 전제 아래 우리 밥상에서
흔히 볼 수 있는 먹거리로 암을 예방하며 치료하는 방법 소개. 암
환자와 그 가족들에게 희망을 안겨 줄 것이다.
대국전판 / 248쪽 / 9,800원

내자 역할을 해주는 책. 현장에서 활용할 수 있는 실용서.
신국판 / 360쪽 / 13,000원

김종결의 성공창업 김종결 지음
누구나 창업을 할 수는 있지만 아무나 돈을 버는 것은 아니다라는
전제 아래 중견 연기자로서, 음식점 사장님으로 성공한 탤런트 김
종결의 성공비결을 통해 창업전략과 성공전략을 제시한다.
신국판 / 340쪽 / 12,000원

최적의 타이밍에 내 집 마련하는 기술 이원재 지음
부동산을 통한 재테크의 첫걸음 '내 집 마련'의 결정판. 체계적이
고 한눈에 쏙 들어 오는 '내 집 장만 과정'을 쉽게 풀어놓은 부동
산재테크서. 신국판 / 248쪽 / 10,500원

컨설팅 세일즈 *Consulting sales* 임동학 지음
발로 뛰는 영업이 아니라 머리로 하는 영업이 절실히 요구되는 시
대 상황에 맞추어 고객지향의 세일즈, 과제해결 세일즈, 구매자와
공급자 간에 서로 만족하는 세일즈법 제시.
대국전판 / 336쪽 / 13,000원

연봉 10억 만들기 김농주 지음
연봉으로 말해지는 임금을 재테크 하여 부자가 될 수 있는 방법
제시. 고액의 연봉을 받기 위해서 개인이 갖추어야 할 실무적 능
력, 태도, 마음가짐, 재테크 수단 등을 각 주제에 따라 구체적으로
제시함으로써 부자를 꿈꾸는 사람들이 그 희망을 이룰 수 있게 해
준다. 국판 / 216쪽 / 10,000원

주5일제 근무에 따른 한국형 주말창업 최효진 지음
우리나라 실정에 맞는 주말창업 아이템의 제시 및 창업시 필요한
정보를 얻을 수 있는 곳, 주의해야 할 점, 실전 인터넷 쇼핑몰 창
업, 표준사업계획서 등을 수록하여 지금 당장이라도 내 사업을 할
수 있게 해주는 창업 길라잡이서.
신국판 변형 양장본 / 216쪽 / 10,000원

돈 되는 땅 돈 안되는 땅 김영준 지음
부동산 틈새시장에서 성공하는 투자 노하우를 신행정수도 예정지
및 고속철도 역세권 등 투자 유망지역을 중심으로 완벽하게 수록
해 놓은 부동산 재테크서. 신국판 / 300쪽 / 13,000원

돈 버는 회사로 만들 수 있는 109가지
다카하시 도시노리 지음 / 민병수 옮김
회사경영에서 경영자가 꼭 알아야 할 기본 사항 수록. 내용이 항
목별로 정리되어 있어 원하는 자료를 바로 찾아 볼 수 있는 것이
최대의 장점. 이 책을 통해서 불필요한 군살을 빼고 강한 근육질
을 가진 돈 버는 회사를 만들어 보자. 신국판 / 344쪽 / 13,000원

주 식

개미군단 대박맞이 주식투자
홍성걸(한양증권 투자분석팀 팀장) 지음
초보에서 인터넷을 활용한 주식투자까지 필자의 현장에서의 경험
을 바탕으로 한 주식 성공전략의 모든 정보 수록.
신국판 / 310쪽 / 9,500원

알고 하자! 돈 되는 주식투자 이길영 외 2명 공저
일본과 미국의 주식시장을 철저한 분석과 데이터화를 통해 한국
주식시장의 투자의 흐름을 파악함으로써 한국 주식시장에서의 확
실한 성공전략 제시!! 신국판 / 388쪽 / 12,500원

항상 당하기만 하는 개미들의 매도·매수타이밍 999% 적중 노하우
강경무 지음
승부사를 꿈꾸며 와신상담하는 모든 이들에게 희망의 등불이 될
것을 확신하는 Jusicman이 주식시장에서 돈벌고 성공할 수 있는
비결 전격공개!! 신국판 / 336쪽 / 12,000원

부자 만들기 주식성공클리닉 이창회 지음
저자의 경험담을 섞어서 주식이란 무엇인가를 풀어서 써놓은 주
식입문서. 초보자와 자신을 성찰해볼 기회를 가지려는 기존의 투
자자를 위해 태어났다. 신국판 / 372쪽 / 11,500원

선물·옵션 이론과 실전매매 이창회 지음
선물과 옵션시장에서 일반인들이 실패하는 원인을 분석하고, 반
드시 지켜야 할 투자원칙에 따라 유형별로 실전 매매 테크닉을 터
득함으로써 투자를 성공적으로 할 수 있게 한 지침서!!
신국판 / 372쪽 / 12,000원

너무나 쉬워 재미있는 주가차트 홍성무 지음
주식시장에서는 차트 분석을 통해 주가를 예측하는 투자자만이
주식투자에서 성공하므로 차트에서 급소를 신속, 정확하게 뽑아
내 매매타이밍을 잡는 방법을 알려주는 주식투자 지침서.
4×6배판 / 216쪽 / 15,000원

역 학

역리종합 만세력 정도명 편저 / 신국판 / 532쪽 / 10,500원

작명대전 정보국 지음 / 신국판 / 460쪽 / 12,000원

하락이수 해설 이천교 편저 / 신국판 / 620쪽 / 27,000원

현대인의 창조적 **관상과 수상**
백운산 지음 / 신국판 / 344쪽 / 9,000원

대운용신영부적 정재원 지음 / 신국판 양장본 / 750쪽 / 39,000원

사주비결활용법 이세진 지음 / 신국판 / 392쪽 / 12,000원

컴퓨터세대를 위한 新 **성명학대전**
박용찬 지음 / 신국판 / 388쪽 / 11,000원

길흉화복 꿈풀이 비법 백운산 지음 / 신국판 / 410쪽 / 12,000원

새천년 작명컨설팅 정재원 지음 / 신국판 / 470쪽 / 13,000원

백운산의 신세대 궁합 백운산 지음 / 신국판 / 304쪽 / 9,500원

동자삼 작명학 남시모 지음 / 신국판 / 496쪽 / 15,000원

구성학의 기초 문길여 지음 / 신국판 / 412쪽 / 12,000원

법률 일반

여성을 위한 성범죄 법률상식 조명원(변호사) 지음
성희롱에서 성폭력범죄까지 여성이었기 때문에 특히 말 못하고
당해야만 했던 이 땅의 여성들을 위한 성범죄 법률상식서. 사례별
법적 대응방법 제시. 신국판 / 248쪽 / 8,000원

아파트 난방비 75% 절감방법 고영근 지음
예비역 공군소장이 잘못 부과된 아파트 난방비를 최고 75%까지
줄일 수 있는 방법을 구체적인 법적 근거를 토대로 작성한 아파트
난방비 절감방법 제시. 신국판 / 238쪽 / 8,000원

일반인이 꼭 알아야 할 절세전략 173선 최성호(공인회계사) 지음
세법을 제대로 알면 돈이 보인다. 현직 공인중계사가 알려주는 합
법적으로 세금을 덜 내고 돈을 버는 절세전략의 모든 것!
신국판 / 392쪽 / 12,000원

변호사와 함께하는 부동산 경매 최환주(변호사) 지음
새 상가건물임대차보호법에 따른 권리분석과 채무자나 세입자의
권리방어기법은 제시한다. 또한 새 민사집행법에 따른 각 사례별
해설도 수록. 신국판 / 404쪽 / 13,000원

혼자서 쉽고 빠르게 할 수 있는 소액재판 김재용·김종철 공저
나홀로 소액재판을 할 수 있도록 소장작성에서 판결까지의 실제
재판과정을 상세하게 수록하여 이 책 한 권이면 모든 것을 완벽하
게 해결할 수 있다. 신국판 / 312쪽 / 9,500원

"술 한 잔 사겠다"는 말에서 찾아보는 채권·채무 변환철(변호사) 지음
일반인들이 꼭 알아야 할 채권·채무에 관한 법률 사항을 빠짐없
이 수록. 신국판 / 408쪽 / 13,000원

알기쉬운 부동산 세무 길라잡이 이건우(세무서 재산계장) 지음
부동산에 관련된 모든 세금을 알기 쉽게 단계별로 해설. 합리적이
고 탈세가 아닌 적법한 절세법 제시. 신국판 / 400쪽 / 13,000원

알기쉬운 어음, 수표 길라잡이 변환철(변호사) 지음
어음, 수표의 발행에서부터 도난 또는 분실한 경우의 공시최고와
제권판결에 이르기까지 어음, 수표 관련 법률사항을 쉽고도 상세
하게 압축해 놓은 생활법률서. 신국판 / 328쪽 / 11,000원

제조물책임법 강동근(변호사) · 윤종성(검사) 공저
제품의 설계, 제조, 표시상의 결함으로 소비자가 피해를 입었을
때 제조업자가 배상책임을 져야 하는 제조물책임 시대를 맞아 제
조업자가 갖춰야 할 법률적 지식을 조목조목 설명해 놓은 법률서.
신국판 / 368쪽 / 13,000원

알기 쉬운 주5일근무에 따른 임금 · 연봉제 실무
문강분(공인노무사) 지음
최근의 행정해석과 판례를 중심으로 임금관련 문제를 정리하고
기업에서 관심이 많은 연봉제 및 성과배분제, 비정규직문제, 여성
근로자문제 등의 이슈들과 주40시간제 법개정, 퇴직연금제 도입
등 최근의 법 · 시행령 개정사항을 모두 수록한 임금 · 연봉제실무
지침서. 4×6배판 변형 / 544쪽 / 35,000원

변호사 없이 당당히 이길 수 있는 형사소송 김대환 지음
우리 생활과 함께 숨쉬는 형사법 서식을 구체적인 사례와 함께 소
개. 내 손으로 간결하고 명확한 고소장 · 항소장 · 상고장 등 형사
소송서식을 작성할 수 있다. 형사소송 관련 서식 CD 수록.
신국판 / 304쪽 / 13,000원

변호사 없이 당당히 이길 수 있는 민사소송 김대환 지음
민사, 호적과 가사를 포함한 생활과 밀접한 관련이 있는 생활법률
전반을 보통 사람들이 가장 궁금해하는 내용을 위주로 하여 사례
를 들어가며 아주 쉽게 풀어놓은 민사 실무서.
신국판 / 412쪽 / 14,500원

혼자서 해결할 수 있는 교통사고 Q&A 조명원(변호사) 지음
현실에서 본인이 아무리 원하지 않더라도 운명처럼 누구에게나
닥칠 수 있는 교통사고 문제를 사례, 각급 법원의 주요 판례와 함
께 정리하여 일반인들도 쉽게 이해할 수 있도록 내용 구성.
신국판 / 336쪽 / 12,000원

생활법률

부동산 생활법률의 기본지식 대한법률연구회 지음 / 김원중(변호사)
감수 / 신국판 / 480쪽 / 12,000원

고소장 · 내용증명 생활법률의 기본지식
하태웅(변호사) 지음 / 신국판 / 440쪽 / 12,000원

노동 관련 생활법률의 기본지식
남동희(공인노무사) 지음 / 신국판 / 528쪽 / 14,000원

외국인 근로자 생활법률의 기본지식
남동희(공인노무사) 지음 / 신국판 / 400쪽 / 12,000원

계약작성 생활법률의 기본지식
이상도(변호사) 지음 / 신국판 / 560쪽 / 14,500원

지적재산 생활법률의 기본지식
이상도(변호사) · 조의제(변리사) 공저 / 신국판 / 496쪽 / 14,000원

부당노동행위와 부당해고 생활법률의 기본지식
박영수(공인노무사) 지음 / 신국판 / 432쪽 / 14,000원

주택 · 상가임대차 생활법률의 기본지식
김운용(변호사) 지음 / 신국판 / 480쪽 / 14,000원

하도급거래 생활법률의 기본지식
김진흥(변호사) 지음 / 신국판 / 440쪽 / 14,000원

이혼소송과 재산분할 생활법률의 기본지식
박동섭(변호사) 지음 / 신국판 / 460쪽 / 14,000원

부동산등기 생활법률의 기본지식
정상태(법무사) 지음 / 신국판 / 456쪽 / 14,000원

기업경영 생활법률의 기본지식
안동섭(단국대 교수) 지음 / 신국판 / 466쪽 / 14,000원

교통사고 생활법률의 기본지식
박정무(변호사) · 전병찬 공저 / 신국판 / 480쪽 / 14,000원

소송서식 생활법률의 기본지식
김대환 지음 / 신국판 / 480쪽 / 14,000원

호적 · 가사소송 생활법률의 기본지식
정주수(법무사) 지음 / 신국판 / 516쪽 / 14,000원

상속과 세금 생활법률의 기본지식
박동섭(변호사) 지음 / 신국판 / 480쪽 / 14,000원

담보 · 보증 생활법률의 기본지식
류창호(법학박사) 지음 / 신국판 / 436쪽 / 14,000원

소비자보호 생활법률의 기본지식
김성천(법학박사) 지음 / 신국판 / 504쪽 / 15,000원

판결 · 공정증서 생활법률의 기본지식
정상태(법무사) 지음 / 신국판 / 312쪽 / 13,000원

처 세

성공적인 삶을 추구하는 여성들에게 우먼파워
조안 커너 · 모이라 레이너 공저 / 지창영 옮김
사회의 여성을 향한 냉대와 편견의 벽을 깨뜨리고 성공적인 삶을
이루려는 여성들이 갖추어야 할 자세 및 삶의 이정표 제시!!
신국판 / 352쪽 / 8,800원

聽 이익이 되는 말 話 손해가 되는 말
우메시마 미요 지음 / 정성호 옮김
직장이나 집안에서 언제나 주고받는 일상의 화제를 모아 실음으
로써 대화의 참의미를 깨닫고 비즈니스를 성공적으로 이끌기 위
한 대화술을 키우는 방법 제시!! 신국판 / 304쪽 / 9,000원

성공하는 사람들의 화술테크닉 민영욱 지음
개인간의 사적인 대화에서부터 대중을 위한 공적인 강연에 이르
기까지 어떻게 말하고 어떻게 스피치를 할 것인가에 관한 지침서.
신국판 / 320쪽 / 9,500원

부자들의 생활습관 가난한 사람들의 생활습관
다케우치 야스오 지음 / 홍영의 옮김
경제학의 발상을 기본으로 하여 사람들이 살아가면서 생활에서
생각해 볼 수 있는 이익을 보는 생활습관과 손해를 보는 생활습관
을 수록, 독자 자신에게 맞는 생활습관의 기본 전략을 설계할 수
있도록 제시. 신국판 / 320쪽 / 9,800원

코끼리 귀를 당긴 원숭이-히딩크식 창의력을 배우자
강충인 지음
코끼리와 원숭이의 우화를 히딩크의 창조적 경영기법과 리더십에
대비하여 자기혁신, 기업혁신을 꾀하는 창의력 개발법을 제시.
신국판 / 208쪽 / 8,500원

성공하려면 유머와 위트로 무장하라 민영욱 지음
21세기에 들어 새로운 추세를 형성하고 있는 말 잘하기. 이러한
추세에 맞추어 현재 스피치 강사로 활약하고 있는 저자가 말을 잘
하는 방법과 유머와 위트를 만들고 즐기는 방법을 제시한다.
신국판 / 292쪽 / 9,500원

등소평의 오뚝이전략 조창남 편저
중국 역사상 정치 · 경제 · 학문 등의 분야에서 최고 위치에 오른
리더들의 인재활용, 상황 극복법 등 처세 전략 · 전술을 통해 이
시대의 성공인으로 자리매김하는 해법 제시.
신국판 / 304쪽 / 9,500원

노무현 화술과 화법을 통한 이미지 변화 이현정 지음
현재 불교방송에서 활동하고 있는 이현정 아나운서의 화술 길라
잡이서. 노무현 대통령의 독특한 화술과 화법을 통해 리더로서,
성공인으로서 갖추어야 할 화술 화법을 배우는 화술 실용서.

신국판 / 320쪽 / 10,000원

성공하는 사람들의 토론의 법칙 민영욱 지음
다양한 사람들의 다양한 욕구를 하나로 응집시키는 수단으로 등
장하고 있는 토론에 관해 간단하고 쉽게 제시한 토론 길라잡이서.
신국판 / 280쪽 / 9,500원

사람은 칭찬을 먹고산다 민영욱 지음
현대에서 성공하는 사람으로 남기 위해서는 남을 칭찬할 줄도 알
아야 한다. 성공하는 사람이 되기 위해서 알아야 할 칭찬 스피치
의 기법, 특징 등을 실생활에 적용해 설명해놓은 성공처세 지침
서. 신국판 / 268쪽 / 9,500원

사과의 기술 김농주 지음
미안하다는 말에 인색한 한국인들에게 "I' sorry."가 성공을 위한
처세 기법으로 다가온다. 직장, 가정 등 다양한 환경에서 사과 한
마디의 의미, 기능을 알아보고 효율성을 가진 사과가 되기 위해
갖추어야 할 조건을 제시한다. 신국판 변형 양장본 / 200쪽 / 10,000원

취업 경쟁력을 높여라 김농주 지음
각 기업별 특성 및 취업 정보 분석과 예비 취업자의 능력 개발, 자
신의 적성에 맞는 직종과 직장을 잡는 법을 상세하게 수록.
신국판 / 280쪽 / 12,000원

명 상

명상으로 얻는 깨달음 달라이 라마 지음 / 지창영 옮김
티베트의 정신적 지도자이자 실질적 지도자인 달라이 라마의 수
많은 가르침 가운데 현대인에게 필요해지고 있는 인내에 대한 이
야기. 국판 / 320쪽 / 9,000원

어 학

2진법 영어 이상도 지음
2진법 영어의 비결을 통해서 기존 영어학습 방법의 단점을 말끔
히 해소시켜 주는 최초로 공개되는 고효율 영어학습 방법. 적은
시간을 투자하여 영어의 모든 것을 획기적으로 향상시킬 수 있는
비법을 제시한다. 4×6배판 변형 / 328쪽 / 13,000원

한 방으로 끝내는 영어 고제윤 지음
일상생활에서의 이야기를 바탕으로 하는 영어강의로 영어문법은
재미없고 지루하다고 생각하는 이 땅의 모든 사람들의 상식을 깨
면서 학습 효과를 높이기 위한 공부방법을 제시하는 새로운 영어
학습서. 신국판 / 316쪽 / 9,800원

한 방으로 끝내는 영단어 김승엽 지음 / 김수경·카렌다 감수
일상생활에서 우리가 무심코 던지는 영어 한마디가 당신의 영어
수준을 드러낸다는 사실을 깨닫게 하는 영어 실용서. 풍부한 예문
을 통해 참영어를 배우겠다는 사람, 무역업이나 관광 안내업에 종
사하는 사람, 영어권 나라로 이민을 가려는 사람들에게 많은 도움
을 줄 것이다. 4×6배판 변형 / 236쪽 / 9,800원

해도해도 안 되던 영어회화 하루에 30분씩 90일이면 끝낸다
Carrot Korea 편집부 지음
온라인과 오프라인을 넘나들면서 영어학습자들의 각광을 받고 있
는 린다의 현지 생활 영어 수록. 교과서에서 배울 수 없었던 생생
한 실생활 영어를 90일 학습으로 모두 끝낼 수 있다.
4×6배판 변형 / 260쪽 / 11,000원

바로 활용할 수 있는 기초생활영어 김수경 지음
다양한 상황에 대처할 수 있도록 인사나 감정 표현, 전화나 교통,
장소 및 기타 여러 사항에 관한 기초생활영어를 총망라.
신국판 / 240쪽 / 10,000원

바로 활용할 수 있는 비즈니스영어 김수경 지음
해외 출장시, 외국의 바이어 접견시 기본적으로 사용할 수 있는
상황별 센텐스를 수록하여 해외 출장 준비 및 외국 바이어 접견을

완벽하게 끝낼 수 있게 했다. 신국판 / 252쪽 / 10,000원

생존영어55 홍일록 지음
살아 있는 영어를 익힐 수 있는 기회 제공. 반드시 알아야 할 핵심
센텐스를 저자가 미국 현지에서 겪었던 황당한 사건들과 함께 수
록, 재미도 느낄 수 있다. 신국판 / 224쪽 / 8,500원

필수 여행영어회화 한현숙 지음
해외로 여행을 갔을 때 원어민에게 바로 통할 수 있는 발음 수록.
자신 있고 당당한 자기 표현으로 즐거운 여행을 할 수 있도록 손
안의 가이드 역할을 해줄 것이다. 4×6판 변형 / 328쪽 / 7,000원

필수 여행일어회화 윤영자 지음
가깝고도 먼 나라라고 흔히 말해지는 일본을 제대로 알기 위해 노
력하는 사람들에게 손안의 가이드 역할을 하는 실전 일어회화집.
일어 초보자들을 위한 한글 발음 표기 및 필수 단어 수록.
4×6판 변형 / 264쪽 / 6,500원

필수 여행중국어회화 이은진 지음
중국에서의 생활이나 여행에 꼭 필요한 상황별 회화, 반드시 알아
야 할 1500여 개의 단어에 한자병음과 우리말 표기를 원음에 가
깝게 달아 놓았으므로 든든한 도우미가 되어 줄 것이다.
4×6판 변형 / 256쪽 / 7,000원

영어로 배우는 중국어 김승엽 지음
중국으로 여행을 가거나 출장을 가는 사람들이 알아두어야 할 기
초 생활 회화와 여행 회화를 영어, 중국어 동시에 익힐 수 있게 내
용을 구성. 신국판 / 216쪽 / 9,000원

필수 여행스페인어회화 유연창 지음
은행, 병원, 교통 수단 이용하기 등 외국에서 직접적으로 맞닥뜨
리게 되는 상황을 설정하여 바로바로 도움을 받을 수 있게 간단한
회화를 한글 발음 표기와 같이 수록하여 손안의 도우미 역할을 해
줄 것이다. 4×6판 변형 / 288쪽 / 7,000원

바로 활용할 수 있는 홈스테이 영어 김형주 지음
일반 가정생활, 학교생활에서 꼭 알아야 할 상황별 회화·문법·
단어를 수록, 유학생활 동안 원어민 가족과 살면서 영어를 좀더
쉽게 배울 수 있도록 알려주는 안내서. 신국판 / 184쪽 / 9,000원

레포츠

수열이의 브라질 축구 탐방 삼바 축구, 그들은 강하다 이수열 지음
축구에 대한 관심만으로 각 나라의 축구팀, 특히 브라질 축구팀에
애정을 가지고 브라질 축구팀의 전력 및 각 선수들의 장단점을 나
름대로 분석하고 연구하여 자신의 의견을 피력하고 있는 축구 길
라잡이서. 신국판 / 280쪽 / 8,500원

마라톤, 그 아름다운 도전을 향하여 빌 로저스·프리실라 웰
치·조 헨더슨 공저 / 오인환 감수 / 지창영 옮김
마라톤에 입문하고자 하는 초보 주자들을 위한 마라톤 가이드서.
올바르게 달리는 법, 음식 조절법, 달리기 전 준비운동, 주자에게
맞는 프로그램 짜기, 부상 예방법을 상세하게 설명하고 있다.
4×6배판 / 320쪽 / 15,000원

퍼팅 메커닉 이근택 지음
감각에 의존하는 기존 방식의 퍼팅은 이제 그만!!
저자 특유의 과학적 이론을 신체근육 운동학에 접목시켜 몸의 무
리를 최소한으로 덜고 최대한의 정확성과 거리감을 갖게 하는 새
로운 퍼팅 메커닉 북. 4×6배판 변형 / 192쪽 / 18,000원

아마골프 가이드 정영호 지음
골프를 처음 시작하는 모든 아마추어 골퍼를 위해 보다 쉽고 빠르
게 이해할 수 있도록 내용이 구성된 아마골프 레슨 프로그램서.
4×6배판 변형 / 216쪽 / 12,000원

인라인스케이팅 100%즐기기 임미숙 지음
레저 문화에 새로운 강자로 자리매김하고 있는 인라인 스케이팅
을 안전하고 재미있게 즐길 수 있도록 알려주는 인라인 스케이팅
지침서. 각 단계별 동작을 한눈에 알아볼 수 있도록 세부 동작별
일러스트 수록. 4×6배판 변형 / 172쪽 / 11,000원

배스낚시 테크닉 이종건 지음
현재 한국배스스쿨에서 강사로 활약하고 있는 아마추어 배스 낚
시꾼이 중급 수준의 배스 낚시꾼들이 자신의 실력을 한 단계 업그
레이드 시킬 수 있도록 루어의 활용, 응용법 등을 상세하게 해설.
4×6판 / 440쪽 / 20,000원

나도 디지털 전문가 될 수 있다!!! 이승훈 지음
깜찍한 디자인과 간편하게 휴대할 수 있다는 장점 때문에 새로운
생활필수품으로 자리를 잡아가고 있는 디카 · 디캠을 짧은 시간
안에 쉽게 배울 수 있도록 해놓은 초보자를 위한 디카 · 디캠길라
잡이서. 4×6배판 / 320쪽 / 19,200원

스키 100% 즐기기 김동환 지음
스키 인구의 확산 추세에 따라 스키의 기초 이론 및 기본 동작부
터 상급의 기술까지 단계별 동작을 전문가의 동작사진을 곁들여
내용 구성. 4×6배판 변형 / 184쪽 / 12,000원

태권도 총론 하웅의 지음
우리의 국기 태권도에 관한 실용 이론서. 지도자가 알아야 할 사
항, 태권도장 운영이론, 응급처치법 및 태권도 경기규칙 등 필수
내용만 수록. 4×6배판 / 288쪽 / 15,000원

건강하고 아름다운 동양란 기르기 난마을 지음
동양란 재배의 첫걸음부터 전시회 출품까지 동양란의 모든 것 수
록. 동양란의 구조 · 특징 · 종류 · 감상법, 꽃대 관리 · 꽃 피우
기 · 발색 요령 등 건강하고 아름다운 동양란 만들기로 구성.
4×6배판 변형 / 184쪽 / 12,000원

수영 100% 즐기기 김종만 지음
물 적응하기부터 수영용품, 수영과 건강, 응용수영 및 고급 수영
기술에 이르기까지 주옥 같은 수중촬영 연속사진으로 자세히 설
명해 주는 수영기법 Q&A. 4×6배판 변형 / 248쪽 / 13,000원

애완견114 황양원 엮음
애완견 길들이기, 애완견의 먹거리, 멋진 애완견 만들기, 애완견
의 질병 예방과 건강, 애완견의 임신과 출산, 애완견에 대한 기타
관리 등 애완견을 기를 때 반드시 알아야 할 내용 수록.
4×6배판 변형 / 228쪽 / 13,000원

건강을 위한 웰빙 걷기 이강옥 지음
건강 운동으로서 많은 사람들의 관심을 모으고 있는 걷기운동을
상세하게 설명. 걷기시 필요한 장비, 올바른 걷기 자세를 설명하
고 고혈압 · 당뇨병 · 비만증 · 골다공증 등 성인병과 관련해 걷기
운동을 했을 때 얻을 수 있는 효과를 수록하여 성인병을 예방하고
치료할 수 있도록 하였다. 대국전판 / 280쪽 / 10,000원

우리 땅 우리 문화가 살아 숨쉬는 옛터 이형권 지음
우리나라에서 가장 가보고 싶은 역사의 현장 19곳을 선정, 그 터
에 어린 조상의 숨결과 역사적 증언을 만날 수 있는 시간 제공. 맛
있는 집, 찾아가는 길, 꼭 가봐야 할 유적지 등 핵심 내용 선별 수
록. 대국전판 올컬러 / 208쪽 / 9,500원

아름다운 산사 이형권 지음
우리나라의 대표적인 산사를 찾아 계절 따라 산사가 주는 이미지,
산사가 안고 있는 역사적 의미를 되새겨 본다. 동시에 산사를 찾
음으로써 생활에 찌든 현대인들이 삶의 활력을 되찾는 시간을 갖
게 한다. 대국전판 올컬러 / 208쪽 / 9,500원

골프 100타 깨기 김준모 지음
읽고 따라 하기만 해도 100타를 깰 수 있는 골프의 전략 · 전술의
비법 공개. 뛰어난 골프 실력은 올바른 그립과 어드레스에서 비롯
됨을 강조한 초보자를 위한 실전 골프 지침서.
4×6배판 변형 / 136쪽 / 10,000원

쉽고 즐겁게! 신나게! 배우는 재즈댄스 최재선 지음
몸치인 사람도 쉽게 따라 하고 배우는 재즈댄스 안내서. 이 책에
실려 있는 기본 동작을 익혀 재즈댄스를 하면 생활 속의 긴장과
스트레스를 털어버리고 활력을 되찾을 수 있으며, 다이어트 효과
도 얻을 수 있다. 4×6배판 변형 / 200쪽 / 12,000원

맛과 멋이 있는 낭만의 카페 박성찬 지음
가족끼리, 연인끼리 추억을 만들고 행복한 시간을 보낼 수 있는
서울 근교의 카페를 엄선하여 소개. 카페에 대한 인상 및 기본 정
보, 인근 볼거리 등도 함께 수록하여 손안의 인터넷 정보서가 될
수 있게 했다. 대국전판 올컬러 / 168쪽 / 9,900원

돈 버는 회사로 만들 수 있는 109가지

2004년 9월 15일 제1판 1쇄 발행

지은이/다카하시 도시노리
옮긴이/민병수
펴낸이/강선희
펴낸곳/가림출판사

등록/1992. 10. 6. 제4-191호
주소/서울시 광진구 구의동 57-71 부원빌딩 4층
대표전화/458-6451   팩스/458-6450
홈페이지 http://www.galim.co.kr
e-mail   galim@galim.co.kr

값 13,000원

ⓒ 다카하시 도시노리, 2004

ISBN 89-7895-177-5 13320